# ニーチェ
# 自分を愛するための言葉

齋藤 孝
*Saito Takashi*

PHP新書

# プロローグ——いまこそ味わうべき、ニーチェという「劇薬」

ニーチェの代表作『ツァラトゥストラはこう語った』（以下『ツァラトゥストラ』）が世に出たのは、もう百五十年近くも前のことです。しかしその魅力は、古びるどころか、輝きを増す一方。どんな時代にあっても、「いまこそニーチェを読むべきだ」と評されるほど、読者の心を引きつけてやみません。

私自身、かれこれ四十年以上、繰り返しニーチェを読み続けていますが、読むたびに新鮮な感動を呼び起こされます。だからこそ毎年、新入生たちに読んでもらいたいと、『ツァラトゥストラ』（中公文庫、手塚富雄訳。以下、引用は同書から）を課題図書としています。

「一冊読んで、刺激を受けた言葉を十個ほど選び、自分の経験と絡めて話してみましょう」というふうに。七百ページを超える大作ですが、学生たちはみんな、ちゃんと読んで、自分のものにしています。

みなさんのなかには読んだことがないのに、「ニーチェは難しい」と思い込んでいる方もおられるでしょう。けれども今日《こんにち》ただいま、その〝食わず嫌い〟を返上してください。読めば必ず、心に刺さるいくつもの言葉に遭遇します。

ではなぜ、いまの時代にニーチェなのか。本編に入る前に、ざっと解説しておきましょう。

## 自分に自信が持てなくても「自己肯定感」を高めてくれる

日々学生と接していて感じるのは、多くの若者たちが自分に自信を持てず、生きることに不安や迷いを感じていることです。社会人もその例外ではありません。

一言で言うなら、自己肯定感の欠如――。

これをテーマにした本が巷《ちまた》にあふれているのは、それだけ自分に自信を持てない人が増えていることの裏返しとも言えます。

そんな人たちにとってニーチェの言葉は、ある種〝心の強壮剤〟のように作用します。なぜなら若者たちが親しんでいるSNSの世界で大量に流通しては消えていく「軽い言葉」と違って、非常に重く、深い言葉だからです。どういうことか。

まず「自分は人生という大海を航海する小さな船」だと想像してみてください。そのとき、錨《いかり》を積まずに漕ぎ出したら、どうなるでしょうか？　大波、荒波、さざ波、凪《なぎ》……さまざまな波に翻弄され、好むと好まざるとに関わらず、波に身を任せて浮遊するしかありませんよね。そうして浮遊しているのが、SNSのなかで自分を見失って自信を喪失し、溺れそうになっている人たちです。

でも錨を積んでいたら、状況はずいぶん違ってきます。望まない波が来たら、錨を下ろしてそこに留まる。乗りたい波が来たら、錨をあげて、ぐいぐい漕いでいく。あるいは穏やかな波にくつろぎたいなら、流れに身を任せる……といった具合に、錨一つで自分の意のままに航海を楽しむことができるのです。

ニーチェの言葉はそういう錨になってくれます。山あり、谷ありの人生のさまざまな局面で揺れる心を、「もっと自分を信じろ」「もっと自分を強く持て」「もっと高く広い視点を持て」と、強い言葉で支えてくれるのです。

時代の洗礼を受け、今日まで伝えられている言葉には、悩める人に解決の糸口となる「気づき」を与えたり、弱っている人を元気づけたりする力があります。

たとえばプラトンの書いたソクラテスの言葉とか、新約聖書に編まれたイエスの言葉、仏教の開祖・ブッダの言葉、『論語』に編纂された孔子の言葉など、枚挙に暇《いとま》がありません。

これらの書は二千年、二千五百年の時を経て、なお生き生きと私たちに語りかけてきます。

とはいえ〝古典過ぎる〟ため、ちょっと親しみづらいところがあるかもしれません。その点、ニーチェはそこまでの時代的な隔たりはなく、近代的思想の大本でもあるので、私たち現代人の感覚にマッチしやすいのです。

しかも同じ哲学書でも、ハイデガーやフッサールのような難解さはなく、物事の本質をズバリ突いた短い言葉の一つひとつが、ストレートに心に刺さってしみてくる、そんなわかりやすさがあります。

そう、ニーチェは「アフォリズム（金言、箴言《しんげん》）の達人」なのです。

またニーチェは、自己肯定感の低い者に対する理解が深い。そこも現代の若者が共感する部分でしょう。「神は死んだ」というショッキングな言葉が出てくる『ツァラトゥストラ』は、キリスト教を全否定しています。そして、

「キリスト教が善いとするものは、すべて天上の世界にあり、地上に生きる人間は自己肯定しにくい状況に置かれている。それは間違いである」

という考えを貫いています。

「人間はちっぽけな存在だ」と決めつけて、神を無条件にすばらしい存在と崇《あが》める、そんな

卑屈さを人間は乗り越えなければいけない、というのです。

その力強い言葉の数々が、ともすれば「どうせ自分なんて……」と萎《な》えそうになる弱い精神のつっかえ棒になって、自己肯定感を高める役に立ってくれます。

だからニーチェの言葉には、自分に自信を持てない人を元気づける力がある。「いま、ニーチェを読むべき」最大の理由の一つは、まさにそこにあります。

## SNSに渦巻く「言葉の暴力」から距離を取れ

「自分はちっぽけな存在だ」と考えると、劣等感を持つことが〝心のクセ〟のようになります。そうすると、妬《ねた》みやそねみ、ひがみなどの感情が生じやすくなります。

結果、常に人と自分を比較しては落ち込んで卑屈な態度を取ったり、逆に高圧的にふるまったり。あるいは少しでも上に行く人の足を引っ張ったり、足並みを乱す者がいると同調圧力をかけたりする場合もあります。

いずれにせよそういった行為は、人間としてせこいし、みっともない。ニーチェがもっとも嫌う〝人間のせこさの極み〟と言っていいでしょう。残念ながら、SNSの世界ではそれが顕著に表れてしまいます。

たとえばふつうにつき合っている分には、面と向かって他人を罵倒《ばとう》したり、誹謗《ひぼう》中傷したりすることはあまりありません。ところがSNSだと、匿名で言いたい放題。実に品のない罵《のの》り合いが展開する、ということがよくあります。

そうした言葉の暴力に傷ついて、自己肯定感を失う人の何と多いことか！

しかしニーチェを読むと、誹謗中傷の飛び交う世界から距離を置こうという気持ちになれます。なぜならSNSというのは、ニーチェ的に言うと「ちっぽけな人間性が露見しやすい場」であり、そこにアクセスしたが最後、「ずーっと、ちっぽけな者たちのざわめきに煩わされるだけだ」とわかるからです。

もう一つ、SNSで困るのは、自己承認欲求が過剰になることです。

一昔前なら、少しくらい勉強ができても、野球がうまかったり、歌が上手だったりしても、周りのごく少数の人から「すごいね」と褒められる程度のことでした。

ところがいまは、自分から「こんなことやってます」「こんな経験をしました」とつぶやくように発信するだけで、場合によっては大量の「いいね！」が降ってきます。うまくいけば、世界から絶賛されることも夢ではないのです。

ただ一方で、思うように「いいね！」が集まらないと、逆に自己肯定感は下がります。また自分よりすごい才能の持ち主がすぐに見つかるので、密かに抱いていた「私って、すごいかも」という自負心が簡単に打ち砕かれてしまいます。

それにほんのわずかなつまずきから、いつ賞賛がバッシングに転じるかわかりません。そうなったときは大変な苦しみを味わうことになります。

以上は「SNSの功罪」の「罪」の部分です。もちろん「功」もあります。

それは、SNSという媒体を得て、昔なら埋もれていたであろう才能が、世に出る可能性が広がったことです。そうなるともちろん承認欲求が満たされ、自己肯定感も上がります。

おそらくニーチェがいまの「SNSの時代」を見たら、喜ぶのではないでしょうか。なぜなら私たちみんなが表現者になって、どんどん新しいものが生み出されているからです。

ニーチェは「超人（＝ドイツ語で［ユーバーメンシュ〈Übermensch〉］）」という概念を提唱しています。「超人」とは「人間的な卑小さを乗り越えた存在」のこと。

ニーチェの時代に生きた人々は、無意識のうちに神や世間の抑圧を受け入れ、自分で自分に〝常識の枠〟のようなものをはめていた。その殻を打ち破って、自身の潜在能力を爆発的に発揮する生き方をしなくてはいけない。そうニーチェは考え、

「超人たれ！」

とみんなに発破をかけたのです。

SNSの世界ではいま、ニーチェのこのメッセージそのままに個性的に、独創的に活動する人たちがたくさんいます。彼らはまさに「ニーチェ的な自己表現により、新しい価値を生み出す超人」を地で行っている、という見方もできます。

つまり功罪相半《あい》ばするSNSを、上手に活用する道が見えてくる。それもまた「いま、ニーチェを読むべき」理由の一つなのです。

**劇薬も慣れてしまえば、これほど心強いものはない**

プロローグの最後に、ニーチェ自身が『ツァラトゥストラ』について語っている言葉を二つ、紹介しましょう。いずれもニーチェの最後の著作『この人を見よ』（岩波文庫、手塚富雄訳）からの引用です。

**わたしの著作のうち、独自の位置をしめているのは、『ツァラトゥストラ』である。わたしはこの書で、これまで人類に贈られた最大の贈り物をした。**

『この人を見よ』十一ページ

何と自信に満ち満ちた言葉でしょう。自分の著作を「人類への最大の贈り物である」と自画自賛しているのです。

ほかにも、光文社古典新訳文庫の目次を見ると、最初のほうに「なぜ私はこんなに賢いのか」「なぜ私はこんなに利口なのか」「なぜ私はこんなに良い本を書くのか」などの項目が並び、唖然《あぜん》とさせられます。

自分をここまで持ち上げられる人は、そうそういるものではありません。けれども不思議とイヤミな印象は受けないのは、『ツァラトゥストラ』がこの言葉通りの価値ある書だからでしょう。

みなさんもニーチェからの贈り物を素直に受け取り、同時にニーチェの半端なく強烈な自己肯定感に大いに感化されていただきたい。

本書では、強い精神力の源となる言葉をチョイスし、とりわけ「自分を愛する」ことの大切さについて解説していきます。

引用をもう一つ。

**わたしの著書の空気を呼吸するすべを心得ている者は、それが高山の空気、強烈な空気であることを知っている。ひとはまずこの空気に合うように出来ていなければならぬ。さもないと、その中で風邪をひく危険は、けっして小さくはない。**

『この人を見よ』九〜十ページ

ここでは、『ツァラトゥストラ』を読むに当たっては、毒気に当たらないよう注意が必要だと説いています。

高い山に登ると冷気で風邪をひく危険があるように、『ツァラトゥストラ』は言葉が強すぎて、心が挫《くじ》ける危険がある、というのです。

たしかに読み始めた最初のうちは、頭がくらくらするかもしれません。けれども学生を見ていて、「だんだん慣れてくると、意外と大丈夫」だと実感しています。

たとえばバッティングセンターでも、最初は百キロ程度のスピードの球にのけぞっていても、だんだんに目が慣れてきて「百二十五キロくらいなら、イケそう」という気持ちになりますよね。

それと同じで、ニーチェの言葉も読み慣れるにつれて、読む側の自分の精神が強くなっていくのです。ニーチェに合わせて、自分自身がランクアップするわけです。

つまり「ニーチェを読む」ことは、ネットの情報を読むのとは異次元の、自分の体と精神を鍛えてくれる「深い」読書体験になるのです。

いよいよ本編のスタートです。ニーチェの箴言の数々を心ゆくまで味わってください。

基本の心構えは、こうです。

ビビるな！　勇気を持って、自分のちっぽけな部分を乗り超えていこう！

読了したとき、みなさんの心のもやがすっきり晴れると同時に、精神が強くたくましく鍛えられていることを願っています。

# ニーチェ　自分を愛するための言葉

## 目次

## プロローグ――いまこそ味わうべき、ニーチェという「劇薬」



## 第1章　自分を愛し、鼓舞する

## 第2章　孤独を自ら選べ

## 第3章　末人になるな、超人になれ

## 第4章　高みを目指せ！

## 第5章　今、この一瞬を生きる

# 第1章

# 自分を愛し、鼓舞する

# 愛は技術

**人はおのれみずからを愛することを学ばなければならない。**

『ツァラトゥストラ』四百二十九ページ

この言葉はニーチェの思想の核となるものです。

ニーチェの時代は、神の存在が非常に大きかった。人間たちは、神をもっとも優れた存在として設定し、「自分たち人間は何てちっぽけなんだ」と自己を卑下しがちでした。結果、どうなったか。世の中に、

「神は愛せるけれど、自分自身を愛せない」

といった人たちがあふれてしまったようにニーチェには見えました。

現代も同じような状況があります。神ではありませんが、能力とか容姿、経済力など、さまざまなジャンルで自分より優れた存在を、自分自身のレベルを認識するための比較対象と

して設定し、わざわざ自己肯定感を低下させる傾向にあるのです。

## 自分の嫌いなところをわざわざ探す「無限ループ」にはまる人たち

たとえば「容貌コンプレックス」。自分の顔やスタイルに自信が持てない若者が、男女の別なく増えているように見受けられます。顔一つとっても、「下ぶくれの顔が嫌い」「大きな顔が嫌い」「浅黒い肌が嫌い」「小さな目が嫌い」「低い鼻が嫌い」「長いアゴが嫌い」等々。顔全体から顔を構成する一つひとつのパーツに至るまで、気に入らないところを数え上げては、落ち込む人が少なくないのです。

彼らには「理想の顔」というものがあるのでしょう。それと比べて自分のここがダメ、ここもダメとなって、自己嫌悪感が強化されているように思えてなりません。

おそらく美容整形で気になるところを〝理想形〟に直したとしても、まだ満足しないでしょう。さらに嫌いなところを探すことがゲームのようになって、その無限ループにはまってしまうのです。なぜなのか。

歴史を遡って考えると、元凶は「鏡」にあります。鏡が登場した時点で、人間は自己肯定感を低くする危険にさらされたのです。鏡に映った自分の顔を見て、「えっ、私って、こんなに変な顔をしてたの？」と気づかされたわけです。

それにより「人前で素顔をさらすのは恥ずかしい」と思う人が少なからずいたのではないかと推察します。

自分の顔を客観視する機会は、時代が進んでカメラやビデオが登場したことにより、どんどん増えていきました。ＳＮＳ時代のいまはさらに拍車がかかって、「日に何度もスマホで自撮りをする」ことが当たり前になっています。

そうして自分の顔を四六時中眺めていると、どうしたって〝嫌いなところ探し〟をしてしまいます。そこへきて今度は、自撮りが〝盛れる〟、あるいは逆にとことん〝変顔〟にする写真加工アプリが登場しました。

ここに至って、「一度加工をすると、もう加工がやめられなくなる」若者たちが急増！　なかには「加工をしない自分の顔が、自分でもわからなくなる」人もいます。

そうなると「自分を見失う」のは時間の問題。自己肯定感が下がるどころの話ではなくなります。

自分を客観視すること自体は、向上心と結びつく点において、悪いことではありません。ただ自己客観視が行き過ぎて、自己嫌悪感とセットになるのがまずい。自分を否定する余り、自分を愛せなくなってしまうからです。

## 「自分を愛する技術」をどう身につけるか

ゲーテは、エッカーマンの『ゲーテとの対話』のなかで、自分を愛することの重要性について語っています。

ニーチェは、文学者志望の青年エッカーマンが、ゲーテの語る人生で大切なことを記録したこの本がものすごく好きで、強い影響を受けました。

このことは、「自己を愛する技術が重要だ」というニーチェの思想の大本を形成したように思われます。

人間というのは、幼少期は「全能感」にあふれています。根拠なく「自分は何でもできる」と信じ、たとえばスーパーマンになった気分で高いところから飛び降りて、足を挫く、といったことがよくあります。それで「あー、自分はスーパーマンのようにはなれないんだ」という現実を知るわけです。

大人になるにつれて、そういった〝自信喪失体験〟が増えます。一方で、ほかの人と自分を比較することにより、自分自身を客観視するようになります。そのまま成り行きに任せておくと、自分に自信を持てなくなっていく一方なのです。
だからこそ、意識してその流れに歯止めをかけるべく、自分を愛することを学ばなければいけない。ニーチェはそう考えているのです。
では、どうすれば「自分を愛する技術」を学べるのでしょうか。

**いまこそ「自画自賛力」を磨こう**

心得ておくべきは、宮本武蔵が『五輪書《ごりんのしょ》』（ちくま学芸文庫、佐藤正英校注・訳）で示した「鍛錬」という考え方です。

**千日の稽古を鍛《たん》とし、万日の稽古を練《れん》とす。よく〳〵吟味あるべきものなり。**

『五輪書』七十七ページ

武蔵が言いたかったのは、「鍛錬とは千日、万日を要するもの。休みなく稽古を繰り返すうちに、真に技術を自分のものにすることができる」ということです。

それはいいとして、愛する技術を学ぶのに、どんな稽古をすればいいのでしょうか。これが意外と簡単です。

来る日も来る日も、日に何度も何度も、自分を褒めてあげればいいのです。その〝褒めポイント〟は何でもかまいません。人の評価は度外視して、たとえば、

「いい写真が撮れたなあ。センスあるね、私」とか、

「努力は人を裏切らない。十八番《おはこ》のこの歌、歌うたびにうまくなってるね、私」

「今回のプレゼン資料、全体の出来はともかく、ここはすばらしい！　文章力あるね、私」

「今月は新書を五冊、読破した。教養人に一歩近づいたね、私」

といった具合に、事あるごとに自分の言動を褒める。そうするとイヤでも「自画自賛力」が養成され、自分に自信が持てるようになります。

何を隠そう、私は小学生のころからかれこれ半世紀にわたって、自画自賛を続けています。現実には、三十代半ばまで定職につけなかったし、四十歳を過ぎて初めて本が売れるまでは社会から評価を得られない人生でした。それでも自分で自分を見限ることなく、褒め続けたのです。

おそらく〝生涯自画自賛回数〟はもう、優に二万回を超えているでしょう。別の言い方を

すれば私は、

「人から褒めてもらえないなら、自分で褒めるしかない」

と思い、自画自賛力をワザ化して、不遇の時代をくぐり抜けたのです。

自画自賛は大いに推奨しますが、絶対にやってはいけないことがあります。それは「ないものねだり」をすることです。自分にはないものを求めても、徒労に終わるだけ。ニーチェも『悦ばしき知識』（ちくま学芸文庫「ニーチェ全集」8、信太正三訳）の「ひるまずに」という項目で、次のように書いています。

**お前の立つところを　深く掘り下げよ！**
**その下に　泉がある！**
**「下はいつも――地獄だ！」、と叫ぶのは、**
**黒衣の隠者流に　まかせよう。**

『悦ばしき知識』二十二ページ

「人をうらやむより、ほかにやることがあるでしょ？　足元を深く掘り下げてみれば、そこに宝物が埋まっているかもしれないではないか」

ニーチェのそんな声が聞こえてきそうです。

「自分には何もない」と思っている人は、足元を掘り下げて、自分の〝埋もれた才能〟を発掘する。いまの人間関係は退屈だと不満な人は、「でも、そんな人間関係だって、なくなったら、寂しいかもしれない」と見直してみる。

自分がすでに持っているもの、すでにやっていることのなかに、光るものが隠されているかもしれません。掘ってみる価値はありますよ。

締めにもう一つ、『ニーチェ全集　第六巻（第Ⅱ期）』（白水社、杉田弘子・薗田宗人訳）から、ニーチェの言葉を紹介しましょう。

**しかしあえて君たち自身を信じるがよい！**
**さもなくば、どうして人が君たちを信じようか！**
**おのれを信じぬ者は常に偽る！**

『ニーチェ全集　第六巻（第Ⅱ期）』七十三〜七十四ページ

「自分を信じることのできない人は、常に人に対して〝偽りの自分〟を演じることになるから、誰からも信じてもらえない」ということです。

自分を愛すればこそ、自分で自分に信を置くことができることを、付け加えておきましょう。

# 自己愛ファースト

おまえたちの隣人を
おまえたち自身のように愛するがいい。
——しかしまず自分自身を愛する者となれ。

『ツァラトゥストラ』三百八十一ページ

『新約聖書　福音書』（岩波文庫、塚本虎二訳）の「マタイによる福音書　二十二―三十七〜三十九」に、「律法最大の掟《おきて》は何か」と尋ねられて答えたイエスの言葉があります。

〝心のかぎり、精神《せいしん》のかぎり、〟思いの〝かぎり、あなたの神なる主《しゅ》を愛せよ。〟
これが最大、第一の掟である。
第二もこれと同じく大切《たいせつ》である。
——〝隣《となり》の人を自分のように愛せよ。〟

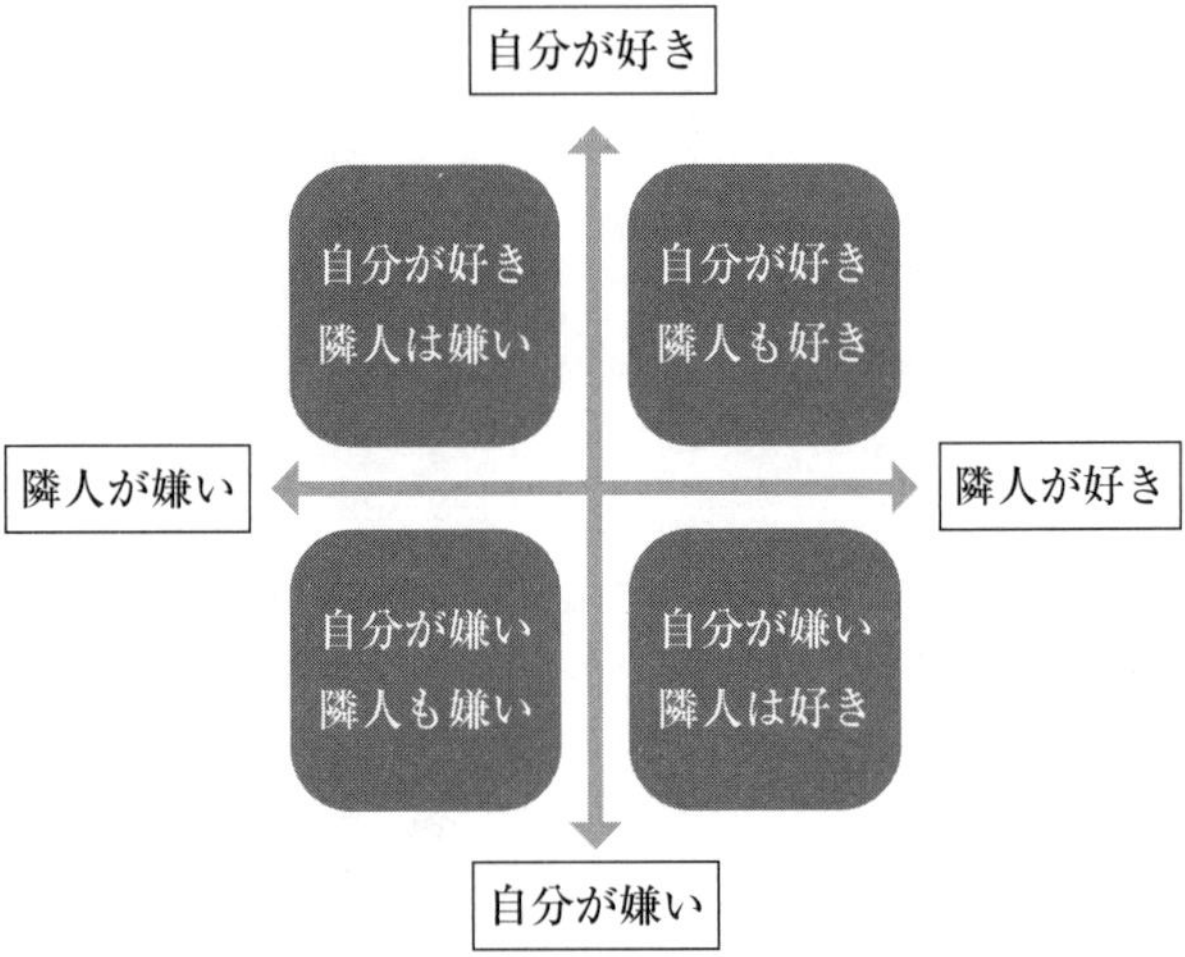


愛する順番で言うと、まず神で、次に自分と隣人を同列に置いています。

一方、ニーチェはと言うと、「神は死んだ」と言っているのですから、神が愛の対象になることはありません。

そしてイエスと同じく、「隣人を自分自身のように愛しなさい」と言いながら、「でも一番は自分自身だよ」としています。自分と隣人に序列をつけているのです。

ここで自己愛と隣人愛（他者への愛）を、座標軸状に区切った四つのゾーンで考えてみましょう。

ニーチェが言いたいのは、まず上部の「自分が好き」のゾーンに入って、そこから自分だけではなく隣人のことも好きになりなさい、ということです。

「自分のことは好きだけど、隣人のことは嫌い」というのでは、完全に自己愛だけの人になってしまいます。自分と同じように隣人をも愛せるようになると、もう一皮むけて、人間として〝上等〟になれるのです。

四つのなかで一番危険なのは、「自分が嫌い　隣人も嫌い」という左下のゾーンです。近年、自分に絶望して、「誰でもいい」と無差別に人を殺すような事件がありますが、ああいう行為に走る危険があるのは、このゾーンに属する人と言っていいでしょう。

自分を愛せなくて、隣人のことも愛せないと、「自分はもうどうなってもいい」と自暴自棄になるうえに、「誰も彼も、何もかもが気に食わない」と攻撃的になってしまうのです。

また「自分は嫌いだけれど、隣人は好き」という右下のゾーンの人は、依存心が強くなります。「自分はたいしたことがない。ダメ人間だけど、あの人はすごい。そのすごい人に認めてもらいたい」と考え、行動する傾向があるのです。

たとえば自己肯定力の弱さからホストにはまってしまう女性などは、その典型でしょう。自分のことは好きじゃないし、自信もないから、大好きなホストに認められたくて貢ぐ。それでお目当てのホストに認めてもらうと、そのときだけ自分に自信が持てる。だからまた貢ぐ。そういった悪循環に陥ってしまうのです。

ほかにも力のある人、人気のある人などに媚《こ》びへつらうような人たちも同じ。「依存心の強い人」のゾーンに入ります。彼らは「虎の威を借る狐」よろしく、みんなに評価されている人の取り巻きになることでしか、自分に自信を持つことができないのです。

いまの若い人たちは、自分自身を客観的に見る技術は高いと思います。それだけに「自分は嫌い、隣人は好き」のゾーンに入りやすい一面があります。そうやって依存心が強くなると、一人の人間として自立して生きていく力が弱まります。

そんなふうでは「自分の人生を生きる」こともかないません。自己を客観視する技術よりも、まず誰よりも自分を愛する「自己愛の技術」を学び、身につけることから始めましょう。

# もう一人の自分

**おまえは偉大に向かう**
**おまえの道を行かねばならぬ。**
**おまえの背後にもう道がないということが、**
**いまおまえに最善の勇気を与えねばならぬ。**

『ツァラトゥストラ』三百三十七ページ

私たちはよく「勇気がわいてくる」という言い方をします。しかしニーチェは、勇気は「自分で自分に与えるもの」だと言っています。

これはとりもなおさず、ニーチェが「自己は二重構造である」としていることの裏返し。自分に自信がなく、勇気が持てない「弱い自分」に加えて、「自分に自信を持って、偉大に向かう正しい道を進め」と勇気を与えてくれる「もう一人の強い自分」がいる。そんなふうに捉えられます。

## フロイトとニーチェは同志？

この考え方は、後にフロイトの提唱する「スーパーエゴ（超自我）」とも通じるものがあります。

ニーチェを理解する助けにもなるので、ここでちょっとフロイトについて触れておきましょう。

フロイトは心を、「エス（無意識）」「エゴ（自我）」「スーパーエゴ（超自我）」の三つの領域で捉えています。

「エス（イド）」とは、意思によってコントロールできない、欲望の源である無意識のエネルギー。また「自我」は、「感情や意思、行為の主体としての私」、「超自我」は幼い頃からしつけられた社会のルールや倫理観のようなものを表します。これらの関係性を簡単に言うと、

「エスが自我を動かすと、人間は欲望のままに行動する。でも超自我がその欲望をコントロール。社会のルールに則って、あるいは人としてとるべき行動・とってはいけない行動を自我に押しつける」

という感じです。「無意識」「自我」「超自我」の三つでいうと、自我は辛い調整役です。

ビジネスマン社会にたとえるなら、中間管理職のようなものですね。下（エス）からは「好きにやらせてくれ」と突き上げられ、上（スーパーエゴ）からは「命令通りにやれ」と頭を押さえつけられ、エスとスーパーエゴの板挟みになる非常に苦しい立場にあります。

でもこういう心の仕組みがわかると、自己コントロールが楽になります。たとえば「プレッシャーに押しつぶされそうだ」と感じたときは、〝スーパーエゴ思考〟をちょっと緩める。逆に「調子に乗り過ぎかも」と気づいたら、〝エス思考〟に歯止めをかける。そんなふうにバランスをとればよいのです。

フロイトは「無意識の欲動」、ニーチェは「力への意志」という概念によって、「我思う、故に我あり」的な近代的人間観を乗り超えました。その意味では、同志的といえるかもしれません。

## 常に自分は「自分の味方」であれ

振り返れば私は、小学生のころから、自分のなかに「もう一人の自分」がいることをぼんやり意識していたような気がします。

マンガなんかでも、自分のなかで天使と悪魔が会話をしている場面が描かれますよね？　そういったことの影響かもしれません。みなさんのなかにも「言われてみれば」と思い当たる人がおられるのではないでしょうか。

私の場合は、自分のなかにいるもう一人の自分を認識すると同時に、「自分は常に自分の味方であれ」という言葉を標語のようにして、自分に言い聞かせてきました。ニーチェの本のどこかにあった言葉のような、自分の造語のような……あまりにも長く親しんできた言葉なので、完全に自分のものになっています。

おかげで、私は自分で自分を敵視したことはありません。もちろん「あんなことをしてまずかったな」と、言動を反省し、落ち込むことはありますが、自分という存在そのものを否定したり、嫌悪したりしたことはないのです。

そんな経験から、みなさんにも「自分は常に自分の味方であれ」と自身に向かって言い続けることをおすすめします。ニーチェ的な「自分を愛し、鼓舞する」強い生き方にもつながるかと思います。

## どうにもならないことでも覚悟を決めれば、勇気が湧いてくる

本項冒頭の言葉の後半に、「おまえの背後にもう道はない」とあります。これは、自分が自分に勇気を与えるために必要な状況の一つ、と見ていいでしょう。

退路を断たれたときほど、人は勇気凛々としてくるものなのです。

もっとも孫子の兵法では、水を背にした布陣は、愚策の最たるものとされています。「一歩も退けないところに陣を張ってどうする？」ということでしょう。

ところが『史記・淮陰侯伝《わいいんこうでん》』に、漢の韓信《かんしん》が趙《ちょう》を攻めたとき、わざと川を背にして陣取りをした話が出てきます。そうして味方に決死の覚悟をさせることで、敵を破ったのです。「背水の陣を敷く」という言葉は、これに由来するとも言われています。

つまり「もう逃げ道はない」という状況に置かれると、人は尋常ではない勇気を出して事に当たる、ということです。

あと一つ加えると、遺伝子に絡む問題は、素直に受け入れたほうがいい。私もどちらかと言うと背が低いほうで、小中学生のころは整列したときに一番前になるときもありましたが、早々に「これは遺伝子の問題なんだから、しょうがない」と受け入れました。

なぜなら「背が高くなりたいな」とグチグチ悩んだところで、エネルギーをムダづかいするだけ。その分を、何か新しいことに挑戦するエネルギーに回そうと考えたからです。

遺伝子に限らず、どうにもならないことは何とかしようと思わず、とにかく受け入れる。そのほうが等身大の自分で目の前の問題を突破していく覚悟が決まります。そうなって初めて、もう一人の自分が何事にも挫けない勇気を与えてくれるのです。

本項最後に、『悦ばしき知識』にある、かっこいいニーチェの言葉を紹介します。

**お前の運命《さだめ》の軌道《みち》をゆけ、**
**星よ、闇がお前に何のかかわりがある？**

『悦ばしき知識』五十一ページ

# 生は祝祭

**さあ、上機嫌でやろう。**
**……この私のように。**

『ツァラトゥストラ』六百二十七ページ

かつて私は「上機嫌Tシャツ」をつくったことがあります。前面に「上機嫌」の大きな文字を、背面の上部に「意味もなく」の小さな文字をプリントした、オリジナルのTシャツです。

こんなものをつくるくらいですから、お祭しのように、私はツァラトゥストラのこの言葉が大変気に入っています。

とくに「この私のように」と付け加える辺りに、彼の自己肯定感の高さが象徴されているようで、何度読んでも思わずクスリと笑みが洩れます。

では「上機嫌Tシャツ」を着て、私は何をしたか。小学生の子どもたちを相手に授業をしたのです。

このTシャツのいいところは、着用すると、「上機嫌」の文字が体に乗り移るようで、自然と気分が上がることです。

また「上機嫌」の文字を見た子どもたちから、「ちゃんと上機嫌にしていてね」という無言のプレッシャーを受けるので、不機嫌ではいられなくなるところもいい。

さらに「意味もなく」の文字が、どんなときも常に上機嫌でいられるよう、サポートしてくれます。

結果、私はいつもニコニコ顔で授業をすることができました。

ぜひ、上機嫌をワザ化するための練習ツールとして、「上機嫌Tシャツ」を試してください。商品ではないので、ご自分で作成するか、心の中に、ということで。

それはさておき、ツァラトゥストラのこの言葉は、彼が山の中に戻っているときに洞窟で開いた晩餐会《ばんさんかい》の席で発せられたものです。続けて、こう語っています。

**わたしと行を共にする者は、強い骨格、**
**そしてまた軽やかな足をもたねばならない。――**

**――戦いと祝祭を喜ぶ者でなければならない。**

『ツァラトゥストラ』六百三十七ページ

ここに至る経緯を、少し補足すると――、『ツァラトゥストラ』の物語は、山にこもってあらゆる叡知《えいち》を身につけたツァラトゥストラが、下山するところから始まります。町で群衆たちに「超人となって強く生きよ」と説くためです。

ところがなかなかうまくいかず、失望して山に戻り、しばらくしてまた〝下界〟に降りて来ることを繰り返します。その過程でだんだんに人々との距離が縮まったのでしょう。

右手の王と左手の王、老いた魔術師、法王、進んでなった乞食、影、知的良心の所有者、悲しんでいる予言者とその驢馬《ろば》が集まった件《くだん》の晩餐会では、驢馬を神々に仕立てて遊んだり、祭りをしたりして騒ぎますが、ツァラトゥストラはさすがに困りながらも、やがて気を取り直します。そしてこう語ったのです。

**――小さい活発なばか騒ぎ、神事のようなもの、驢馬祭りのようなもの、**

**昔なじみの陽気な道化師のツァラトゥストラといったようなもの、おまえたちの魂を明るくふくらませるような突風、そういうものが必要だと、わたしには思われる。**

『ツァラトゥストラ』七百十二ページ

これはとりもなおさず、ツァラトゥストラが祝祭的な時間のすばらしさに感じ入った、ということです。その場に集う人々がエネルギーを噴出させることをおもしろがった。だから驢馬祭りのようなものは、くだらないバカ騒ぎのように見えるけれど、そういう場で上機嫌に祝祭的な時間を過ごすことが生の喜びであると思ったのです。

快楽というのは一般的に良くないものと思われがち。禁欲主義の影響もあってか、ニーチェの時代にも快楽否定論者はけっこういたようです。けれどもニーチェは、快楽を非常に肯定的に捉えています。『悦ばしき知識』のなかで、こんな言葉があります。

**苦痛のなかには、快楽のなかにおけると同じだけの知恵がある。**

『悦ばしき知識』三百三十一ページ

苦しみから学ぶことは多いけれど、快楽から学べる知恵だって同じくらいたくさんある。人生にムダな経験はない、ということですね。

## この世に人間として生を受けたことを祝おう

仏教的には、生まれることとは「四苦八苦」の「四苦」の一つです。生まれて、老いて、やがて病気になって死ぬという人生のプロセスは「苦」そのものだというのです。

一方で「輪廻《りんね》思想」というのがあって、人間の魂は何度も生まれ変わり、「六道」という六つの世界をぐるぐると苦しみながら生きていくとされています。六つの世界とは、天界・人間界・修羅界・畜生界・餓鬼界・地獄界。どの世界に生まれ変わるかは、生前の行いが関係するとも言われています。

けれども悟りを得ることで、輪廻を終わらせることが可能です。すべての苦悩から解放され、絶対自由の境地に達することができるのです。仏教では、人間に生まれたことが別にいいことではなく、「苦」の輪廻を終わらせることが重要です。

私はとくだん輪廻思想を信じているわけではないし、生きていることに大変な苦痛を感じてもいません。それでももし今生《こんじょう》を終えて生まれ変わるときに、「来世はコオロギです。おめでとうございます」と言われたら、ちょっと辛いものがあります。コオロギは好きですけど、やはり次も人間に生まれたい、それが本音です。

というふうに想像しますと、人間に生まれてきて、今生の時間を過ごしていることが、大変幸運なことに感じられます。ツァラトゥストラと同じく、自然と祝祭的な時間を過ごそう、上機嫌でいようという気持ちになれるのです。

いまの時代は格差社会で、自分は恵まれないと境遇を嘆いている人も少なくないでしょう。けれども時間軸を広げて考えれば、最悪の時代というほどではありません。

大昔は人類の大多数が貧しさと飢えに苦しんでいました。格差だって、もっと大きく、厳しいものでした。だからガマンしなさいとは言いませんが、「歴史的に見れば、まああい い時代だ」と捉えることもできますよね？

いろいろ不満や悩みはあるにせよ、あんまり不機嫌でいると、人生がどんどんつまらない方向に転がっていきます。ツァラトゥストラに倣《なら》って、

「生きていることが祝祭である」

とし、また仏教的観点から、

「いまの時代に人間として生まれてきた幸運」を祝う気持ちを持って、上機嫌に生きていくのが一番です。不機嫌になりそうなとき、こうつぶやいてみてください。

「さあ、上機嫌でやろう。ツァラトゥストラのように」と。

# 第2章

# 孤独を自ら選べ

# 孤独への逃避

**小さい人間どもに近づくときは気をつけよ。**
**……のがれよ、わたしの友よ、君の孤独のなかへ。**

『ツァラトゥストラ』百十二〜百十三ページ

人は多くの場合、孤独を感じると、「自分には居場所がない」ような気がしてきます。「学校でも、職場でも、家庭でも、安心して、落ち着いて時間を過ごすことができない。居場所がないんだよ。どこの誰からも受け入れてもらえない。自分は何て孤独なんだ」というふうに、孤独に対して受け身の姿勢をとるのです。

ところがニーチェは、まったく逆。孤独をポジティブに捉えています。

**孤独とは、自由を堪能できる「極上の居場所」である**

ニーチェに言わせれば孤独は、「安心して一人で自由に時間を過ごせる、極上の居場所」。

だから、大勢の人がいて、なんだかんだせこいことを言ったり、したりして、自分を煩わせる場を離れ、

「自分の孤独のなかに逃げ込め」

と言うのです。

「逃げる」と言うと受け身なイメージを持つかもしれませんが、「孤独を自分の居場所にする」のですから、決して孤独に押しつぶされそうになって逃げるのではありません。どちらかと言うと、「自ら孤独でいることを選ぶ」というイメージです。

とはいえニーチェの言う孤独は、居心地の良いぬくぬくとしたところではありません。続くくだりに「強壮な風の吹くところ」というフレーズがあることから、厳しい環境であることがうかがわれます。「精神を鍛えてくれるところ」と理解していただくとよいでしょう。

ではなぜニーチェは、わざわざそんなに厳しい場所へ逃げ込むことを求めるのでしょうか。その理由は、

「世の中には蝿のようにブンブンうるさい〝小さい人間ども〟がいて、高みを目指そうとする者のジャマをする」

ことにあります。世間というのはちょっと優れた人がいると、妬みますからね。なかには

やっかみ半分で足を引っ張ったり、蹴落とそうとしたり、仲間はずれにしたりする人もいるでしょう。そんな人たちとつるんでいても、孤独が癒やされることはありません。むしろ、いないほうがマシなくらいです。孤独でいるほうがよっぽど安心できるのです。

さらにツァラトゥストラは、こう言っています。

**蝿たたきになることは君の運命でない。**――

『ツァラトゥストラ』百十三ページ

「小さい人間ども」を蝿にたとえて、「蝿など、退治することに時間をかけるほどの値打ちもない。いちいち取り合うのもばかばかしい」と。

自分が優れていて、ほかの人間はちっぽけで大したことがないとは……何とも不遜な物言い。作品によっては、小さい人間どもを蔑むような、こんな文章もあります。

**未来という竜と私は闘う。**
**しかし君たち小さな者は、ミミズと闘うだろう。**

『ニーチェ全集　第六巻（第Ⅱ期）』四十四ページ

ニーチェらしいと言えばニーチェらしい。若々しく意気盛んで、自信過剰なところが魅力でもあります。

## 現代人よ、「単独者」たれ！

私はよく「単独者」という言葉を使います。学生たちにも「授業には単独者として参加してください」というふうに言っています。一人ひとりの学生と、一対一で向き合うような形で授業を行いたいからです。

それに「孤独者」だと、寂しくロンリネス、弱々しいイメージ。その点、「単独者」は一人でいることを好む「孤高の人」のイメージ。英語だとソリテュードで、強さを感じます。

もし孤独感に陥ることがあったら、自分自身に「私は孤独ではない。単独者だ」と言い聞かせてください。そして「旧来のキリスト教」という大きな権力に一人立ち向かった単独者、ニーチェのことを思い起こしましょう。肚《はら》の底から力がわいてきます。

強さは単独者であるときに生まれるのです。

# 遠くのスター

**わたしは君たちに隣人愛を勧めない。**
**わたしは君たちに遠人愛を勧める。**

『ツァラトゥストラ』百三十二ページ

「隣人愛」はキリスト教の根幹をなす概念です。「汝の隣人を愛せ」という言葉があるように、「身近な人を愛しなさい」と教えています。悪いことではないと思うのですが、ニーチェはそれを「自分から逃避する態度」と考えているのです。「隣人愛」という項目の最初のほうに、こんな文章があります。

**君たちは、自分自身と顔を向き合わせることからのがれて、隣人へと走る。**
**そしてそのことを一つの徳に仕立てたがっているのだ。**

『ツァラトゥストラ』百三十ページ

自分を愛せないから、手近なところで隣人を愛し、自分がいかにも徳のある人間であるかのように見せかける。そうニーチェは主張するのです。

ではニーチェが推奨する「遠人愛」とは何なのか。

## 互いを励まし、高め合う「星の友情」

「遠人愛」はニーチェの別の著書で「星の友情」とも表現されています。夜空に瞬く星たちは、いずれも独立して輝いています。距離は遠く隔たっていますが、互いの存在は光り輝いていればいるほど、はっきり認識されます。

「星の友情」とはつまり、離れたところにいながらも、互いの光で惹かれ合い、刺激し合っている関係、と言っていいでしょう。

そのような関係性にある友人を持つことは、そう難しくはありません。たとえば中学のときの友人に、十年、二十年後のクラス会で会った、あるいはSNSで〝再会〟したとします。いまは時間的にも距離的にもずいぶん遠い関係になっていたとしても、かつての友人ががんばっていることがわかると、刺激になりますよね。

「すごいな、いまも中学のときの夢を追って、着々と実績を積んでいるんだな。自分もボーッとしてられない。もっとがんばらなくちゃ」

というふうに。昔馴染みであっても、いまはほとんど接点のない「遠人」だからこそ、嫉妬心が生じにくい部分もあります。相手の「向上する意思」を、素直に感じ取ることができるのではないでしょうか。

そういう「遠人愛」があれば、周りが向上心のかけらもない、ぐうたらな人間ばかりだとしても、「朱に交われば赤くなる」危険は回避できそうです。

## スーパースターに「遠人愛」を抱く

それで思い出すのは、元サッカー日本代表の中田英寿さんです。ご存じのように、彼は一九九八年、弱冠二十一歳でベルマーレ平塚（現湘南ベルマーレ）からイタリア、セリエAのA.C.ペルージャに電撃移籍。以来、ヨーロッパを舞台に活躍し、日本人選手が海外に出る可能性を大きく広げました。

そんな中田さんはラウール・ゴンザレスという、スペインのレアル・マドリードで活躍した同年代のエース選手に「遠人愛」を抱いていたと思われます。雑誌のインタビューで、

「ラウール君、元気かな」みたいな発言をしているのです。

実際、中田さんはＪリーガーになったときから、「近い将来、ヨーロッパに行くぞ！」と闘志を燃やしていました。ラウールのほうを見ていたのです。当然、トレーニングの量も質も、ほかの選手と違ってきます。もしかしたら〝浮いた存在〟だったかもしれませんが、ラウールへの「遠人愛」に支えられ、励まされ、自分自身を高めていったのでしょう。

もちろん身近に、向上心にあふれる優れた友人が見つかれば、それはそれでけっこう。「小さい人間ども」に特有のせこい感情抜きで、自分を向上させることができます。そうではなくて「小さい人間」に悩まされるようなら、中田さんのように、現在の自分よりはるかにレベルの高い人を遠くに見て、「遠人愛」という形で自分自身を励ましていくのがいいと思います。

また「遠人愛」は、誰を対象にしようと、自分の勝手です。スーパースターだって、すでに亡くなっている偉人だって、アリです。「夏目漱石に遠人愛」とか「ドストエフスキーに遠人愛」「福沢諭吉に遠人愛」「ガンジーに遠人愛」「ナイチンゲールに遠人愛」……高い理想を星のように見上げると、自分自身をスケールアップすることができます。

すでに遠くにいる人だけではなく、身近な人が成長して遠い存在になることを願う気持ちを抱くこともすばらしい。ニーチェは『悦ばしき知識』にこう書いています。

**隣人が近くにいるのは好まない、**
**高いところと遠いところへいってくれ！**
**でもなければどうして彼が私の星なぞになれよう？**

『悦ばしき知識』三十四ページ

# 少数派の苦悩

**善い者たち、正しい者たちを警戒せよ。**
**かれらは、自分自身の徳を創り出す者を、**
**好んで十字架にかける**
**――かれらは孤独者を憎むのだ。**

『ツァラトゥストラ』百三十七ページ

ここにある「善い者たち、正しい者たち」というのは、世間的に正しいとされていることを押しつけてくる人たちを意味します。

いまでもけっこういますよね、「これが常識でしょ」とか「ふつう、こう考えるでしょ」などと言って、いわゆる〝正論〟を押しつけてくるような人たちが。彼らは「変化」を恐れ、新しい価値を創造する人を不当に軽蔑することすらあるのです。

この言葉は、イエスの命運が下敷きになっています。

イエスはキリスト教を開いた人ですが、その母体はユダヤ教です。つまりユダヤ教徒から見れば、イエスは異端者だったのです。どういうことか、ざっと説明すると――。

旧約聖書を経典とするユダヤ教の根底には、「神さまを信じるユダヤ民族だけが、最後に救われる」という選民思想があります。しかしイエスは、そこから脱却して、「神を信仰する者は、すべて救われる」と説きました。

ユダヤ教徒は、宗教的儀礼（律法）を重視します。とりわけパリサイ（ファリサイ）派は、厳格でしたが、イエスは、それを形式的だとし、「偽善的な律法学者」だと批判しました。

ユダヤ教徒はおもしろくないですよね。それに新しい徳が創り出されると、それまで自分たちが信じてきた徳や、その徳を実践するために設けられた細々《こまごま》とした規則など、すべてが否定される恐れもあります。それでユダヤ教徒たちはイエスを排除しようと動き、ついにはイエスを磔《はりつけ》の刑に処したのです。

キリスト教では、イエスの言行を記録した福音書や、初代教会の発展を記録した使徒言行録、使徒たちの手紙などを編纂した新約聖書が聖典とされています。

ニーチェはキリスト教を否定しますが、「超人」の考え方をイエスに適用するとすれば、次のような評価もできます。

「ユダヤ教の教えを破るまでして自分の信念をつらぬき、キリスト教という新しい価値を生み出した超人である」

田川建三『イエスという男』では、イエスは逆説的反逆者とされていて、イエスは「神」ではなく「超人」的な生き方をした生身の人間という印象を持ちます。

## 新たな価値を潰そうとする「同調圧力」に屈しない

いまもイエスの時代と同様、従前の価値観からはずれるような新しい考えを打ち出したり、体制におもねらない独自の意見を言ったりすると、多数派から理不尽な攻撃を受ける、なんてことは珍しくありません。

学校や仕事の現場でも、少数意見を持つ人が「多数意見に合わせてね」と、暗黙のうちに強制される例は、増えこそすれ減ることはないように見受けます。そういった「同調圧力」が原因で、言動の自由を阻害されてストレスをためている人は大勢います。

たとえば性的マイノリティの人たちは、もう長いこと、偏見や差別を受けてきました。人として当たり前の権利を得ることさえ難しい時代が続いていたのです。それは、大多数の人たちが彼らの示す「同性愛」という新しい愛の形を否定してきた歴史にほかなりません。

自らが同性愛者であることに苦悩した一人に、フランスの哲学者、ミシェル・フーコーがいます。社会の偏見に苦悩した彼は、『監獄の誕生』や『狂気の歴史』などの著書を通して、「私たちは無意識のうちに、権力者や社会のルールに従順な人間に育てられている」と、権力の恐ろしさを暴きました。

いまも自由な時代でありながら、何となく言動が監視されているようで、イヤな感じがすることって、ありますよね？　街中に防犯カメラという名の監視カメラが仕掛けられているし（有用ですが）、スマホで写真や動画を撮影・発信しようと構える人たちがあふれています。加えて頻繁に行われるSNSのやりとり。息苦しさを覚える人も多いでしょう。

フーコーはそんな社会のシステムを、監獄の建築様式にたとえて「パノプティコン（一望監視装置）」と呼びました。これは一言で言うと、中央の監視塔をドーナッツ状に囲むようにして、囚人の獄舎を設置したベンサム考案の建築様式。監視塔からは獄舎が丸見えですが、獄舎から監視塔は見えない造りになっています。そうすることによって、囚人たちが、看守がいようがいまいが、「いつも監視されている」と感じ、やがて自分で自分を監視するようになるのです。

現代の社会はこのパノプティコンと同じで、誰が権力を行使しているのかわからない形で、自由が細かく奪われていく。フーコーは『監獄の誕生』（新潮社、田村俶訳）で、その恐ろしさをこう提示しています。

**〈一望監視装置〉は、見る＝見られるという一対の事態を切離す機械仕掛であって、その円周状の建物の内部では人は完全に見られるが、けっして見るわけにはいかず、中央部の塔のなかからは人はいっさいを見るが、けっして見られはしないのである。**

**これは重要な装置だ、なぜならそれは権力を自動的なものにし、権力を没個人化するからである。**

監視の視線を自分の内側に取り込んでしまうことで、「いつも見られている」意識が身についてしまい、自分で自分を監視するようになり、「従順な主体」が仕上がってしまいます。ニーチェの言う「善い者たち、正しい者たち」は、フーコーが指摘した「一望監視装置」のようなもの。私たちは新しい価値を潰そうとする力に屈してはいけません。

いまは自由に自己表現できる時代ですから、ＳＮＳをうまく活用して、どんどん新しい価値を創り出し、世に問うことに躊躇《ちゅうちょ》は無用。批判を恐れず、行動してください。

# 自分の世界の創造

**君たちは君たちの感覚でつかんだものを
究極まで考え抜くべきだ。
君たちが世界と名づけたもの、
それはまず君たちによって創造されねばならぬ。**

『ツァラトゥストラ』百八十一ページ

いまや、私たち一人ひとりが独自の世界観を創造することが、当たり前のように行われています。ニーチェのこの言葉は、そんな現代を予見するかのようです。

ニーチェの時代は神から「既存の世界観」を与えられ、その枠組みのなかであらゆる活動が行われていました。「こうするべきだ」「こうあるべきだ」という決めつけが非常に強かったのです。

新しい世界観を創造したいなど、大半の人は発想もしなかったでしょう。

だからこそニーチェは、「決めつけられて、個人の世界観が固定化される」ことに対して警鐘を鳴らしたのだと思います。

## 「体の感覚」で世界をつかめ

ニーチェは体の感覚をとても大事にしています。それは、『ツァラトゥストラ』の「肉体の軽侮者」にある次の文章からも明らかです。

**肉体は一つの大きい理性である。**
**一、つ、の意味をもった多様体、戦争であり、平和であり、畜群であり、牧人である。**
**わたしの兄弟よ、君が「精神」と名づけている君の小さい理性も、……君の大きい理性の小さい道具であり、玩具《がんぐ》である。**

『ツァラトゥストラ』六十七ページ

たとえば「我思う、故に我あり」の言葉で有名なフランスの哲学者デカルトは、「心身二元論」を提唱し、「人間の心と体は別物」としました。哲学では当時、「人間の体は物体と同じで、機械的なものだ」と考えるのが一般的だったのです。

ところがデカルトより二百五十年ほど後に生まれたニーチェは、肉体こそが理性だと考えました。

「人間は魂だけで生きているのではない。精神と名づけた小さな理性は、肉体という大きな理性の小さな道具に過ぎない」

と提唱しているのです。

本項冒頭の引用に「君たちの感覚でつかんだもの」という表現があるように、ニーチェは「まず自分の感覚でこの世界をつかめ」と言っています。

そのうえで、自分のつかんだ世界が何なのかを考え抜く。そうして感覚と考えが連動・結合したところで、新しい世界が創造される、というのです。

このことはスポーツに置き換えると、わかりやすいでしょう。

その象徴とも言うべきアスリートの一人が、メジャーリーガーの大谷翔平選手です。WBCで文字通り「超人」的な活躍を見せた彼は、体の感覚でつかんだものを究め、新しい世界を創造することを実践してみせてくれました。

彼は「ピッチャーと打者の両方をやるなんて、ムリだよ。どっちかに絞らないと、投打どちらも中途半端な三流選手に終わるぞ」的な周囲の声をものともせず、日本はもとよりアメリカでも「二刀流」を貫きました。

これまでの常識を見事に打ち破ったのです。

またボクシング界には、ＷＢＡ・ＷＢＣ・ＩＢＦ・ＷＢＯの四団体の世界バンタム級王座を返上し、今後はスーパーバンタム級に転向して四階級制覇ならびに二階級での四団体統一王者を目指すという井上尚弥選手がいます。

車椅子テニス界には、全米・全仏・全豪・ウィンブルドンの四大大会およびパラリンピックを制覇する「生涯ゴールデンスラム」を達成した国枝慎吾さんがいます。

ほかにも「日本人にはムリだ」とか「これ以上の記録は出ない」などと言われながらも、限界を突破して新しい世界を見せてくれたアスリートたちはたくさんいます。

ニーチェがいまのスポーツ界を見たら、「これぞ超人！　何と、超人たちのオンパレードではないか！」と大いに喜んだのではないでしょうか。

もちろん「限界突破」といっても、限界は人それぞれ。トップアスリートたちと比べる必要はまったくありません。

重要なのは、何であれ、「自分の世界」を創ること。それは、さほど難しくはありません。

## 短歌を一つ、つくってみる

私が学生に出す課題の一つに、「短歌をつくる」というものがあります。自分の世界を創造するうえで、わりとお手軽にできる挑戦だと思うからです。

ルールは一つ。創作した作品を互いに褒め合うこと。

褒められると、それがルール上のことであっても、「自分にも新しい世界が創れたじゃないか」とうれしくなります。自分に自信が持てるのです。自己肯定感を上げるためにも、効果的な方法でしょう。

かの歌人、与謝野晶子は講演会で女子学生たちにこんなふうに語りかけています。

「みなさんはふつうにやっているだけではいけません。短歌一つつくるのも創造的活動なんです。ぜひ短歌をつくり、新しい女性の時代を創ってください」

どうでしょう、自分の世界を創造することは、そう大げさに構えてやるものではないと思えてきませんか?

短歌であれ、エッセイであれ、イラストであれ、自分の主張したい何かを表現してみる、その感覚を大事にするといいでしょう。

ＳＮＳの時代、発表の場はいくらでもありますから、創作活動への挑戦によりやりがいを感じることができると思いますよ。

## 友

**君は奴隷であるか。**

**奴隷なら、君は友となることはできぬ。**

**君は専制者であるか。**

**専制者なら君は友をもつことはできぬ。**

『ツァラトゥストラ』百二十一ページ

非常にキレがあり、肚《はら》にすとんと落ちる言葉ですよね。

友だちになることなど、誰にでもできそうなものですが、ニーチェは友になるには二つの条件が満たされる必要があるとしています。

一つは「奴隷」ではないこと、もう一つは「専制者」ではないこと――。


**自分の意思を持たない人には、友人としての魅力はない**

ニーチェの言う「奴隷」とは、自分の意思を持たず、何の疑問もなく、誰かの、または何かの言いなりになる人のことです。

あなたはそんな人と友だちになりたいですか？

イヤに決まってます。自分の考えや意見を持たない人だと、いっしょに行動する甲斐がない。奴隷的な人と友だちになりたいのは、せいぜい弱い者いじめをする悪い輩《やから》くらいのものでしょう。彼らなら〝パシリ〟として使いたいかもしれません。

友人とは、ニーチェの言を借りれば、対等な立場にあって「互いを高め合う」関係にある人。そうであればこそ、人間的な魅力を感じて、つき合いたいと思う。主従関係とはまったくの〝別物〟なのです。

では「専制者」とはどういう人間か。それは「人の自由を奪う」人。他者の気持ちなどおかまいなしに、「自分さえよければいい」と考えます。自身の利益のために、人を利用してばかりいるのです。

あなたはそんな人と友だちになりたいですか？

一方的に利用されるなんて、御免蒙《ごめんこうむ》りたいですよね。ニーチェが理想とする「切磋琢磨《せっさたくま》する関係」を築くことも不可能です。

## 「奴隷的精神」「専制者的精神」で生きるべからず

もちろんいまの日本社会には、奴隷も専制者も存在しません。しかし「奴隷的精神で生きている人」「専制者的精神で生きている人」はいます。

ふだんは意識していないでしょうけど、一度、奴隷・専制者の視点から、まわりの人を見てみましょう。

あまり人のことを奴隷的とか専制者的と捉えるのは品がなく、傲慢でもありますが、たとえばの話、こんな気づきもあるかもしれません。

「そう言えばあいつ、何をしたいのかを尋ねると、いつも『どっちでもいい』『何でもいい』って答えるよね。それにほかの人の動きを見てから、自分の行動を決めるところもあるよね。そうか、奴隷的だから、友だちとしての魅力を感じなかったんだな」

「そう言えばあいつ、いつも調子のいいことを言って、自分のやりたくない仕事を人に押しつけるよね。人を踏み台にしてのしあがろうとする一面もあるよね。そうか、専制者的だから、友だちとして好きになれなかったんだな」

自分が友としたいのは、奴隷的精神・専制者的精神の持ち主ではないはず。また自分自身に奴隷的精神・専制者的精神があるなら、ニーチェの言う「友」はできにくいでしょう。

ニーチェの言葉を一つのきっかけに、友人に求める資質、友人になるために必要な資質を見つめ直してはどうでしょうか。友人関係がより良い方向に導かれると思います。

# 最善の敵

戦いにおけるわたしの相手よ。
わたしは君たちを心の底から愛する。
わたしは君たちと等しい者であるし、
等しい者であった。
そしてわたしは君たちの最善の敵でもある。
だから、君たちもわたしが
君たちに真実を語ることを許せ。

『ツァラトゥストラ』九十七ページ

「心の底から敵を愛する」と聞くと、何となく難しいような印象を受けるかもしれません。
たしかに、厳しく、強く、崇高な精神で、ハードルが高いように感じます。でもその実、
私たち日本人――とりわけ〝スポ根マンガ〟の世界に浸ったことのある者にとっては、非常

に馴染みのある精神性とも言えます。
「スポ根マンガの源流はニーチェにある」
と言ってもいいくらいです。

## 友情とは「死に物狂いのかみあいっこ」

スポ根マンガが描く友情は、ほぼ例外なくニーチェ的な友情です。『週刊少年ジャンプ』のコンセプト「友情・努力・勝利」にもニーチェを感じます。

その象徴が『北斗の拳』の「『強敵』と書いて『とも』と読む」みたいな世界でしょう。

核戦争により文明社会が失われ、暴力に支配された世紀末の世界にあって、一子相伝《いっしそうでん》の暗殺拳・北斗神拳の伝承者となったケンシロウが、長兄のラオウに対してこう言います。

「**ラオウよ。おれにはあなたが最大の強敵《とも》だった**」――。

ケンシロウにとってラオウは、単なる友ではなく、ましてや仲間でもありません。あくまでも倒すべき強敵です。でも一方で、戦うなかで互いを思う愛情がどんどん深まっていく、そんな関係です。まさにニーチェの言葉を体現しているようです。

また『あしたのジョー』にも、印象的な場面があります。それは、矢吹丈が乾物屋の紀子《のりこ》ちゃんとデートしたときに言ったこんな台詞《せりふ》です。

「紀ちゃんのいう青春を謳歌するってこととちょっとちがうかもしれないが、燃えているような充実感はいままでなんどもあじわってきたよ。血だらけのリング上でな。そこいらのれんじゅうみたいにブスブスとくすぶりながら不完全燃焼しているんじゃない。ほんのしゅんかんにせよ、まぶしいほどまっかに燃えあがるんだ。そしてあとにはまっ白な灰だけがのこる……燃えかすなんかのこりやしない……まっ白な灰だけだ。

（中略）

拳闘がすきなんだ。死にものぐるいでかみあいっこする充実感がわりとおれすきなんだ」

丈が強敵を相手に繰り広げた戦いは、そこら辺の安っぽい〝友情ごっこ〟とは違う。強敵と戦うなかで、互いに魂を燃焼させる熱い思いを共有する瞬間の積み重ねだった。丈はそんなふうに言いたかったのでしょう。いま一つ、紀ちゃんには伝わらなかったのですが、丈にとっては「死に物狂いのかみあいっこ」こそが友情だったのです。

こういう友がいると、気持ちの張りが違ってきます。ぬるま湯のような友情につかっている人は、ぜひマンガからニーチェを感じてみてください。『キャプテン翼』『ドラゴンボール』『キン肉マン』『ＳＬＡＭ　ＤＵＮＫ』……名作はたくさんあります。どれでもいい、読めば間違いなく、ニーチェ的友情のすばらしさを再認識できます。

## 「男子、三日会わざれば刮目して見よ」

右の見出しの言葉は『三国志演義』に出てくる言葉です。物語はこんなふう。

呉の武将、呂蒙《りよもう》は武道一辺倒で、学がないために軽んじられていました。それを見かねた呉王孫権《そんけん》から、学問に励むよう熱心に勧められて、呂蒙は発奮。武芸で培った精神力を生かして学問に打ち込み、やがて学者をもしのぐ豊かな学識を身につけました。

その成長ぶりに驚いた魯粛《ろしゆく》に、呂蒙はこう言いました。

「努力している人は、三日会わないだけで、見違えるほど成長するものですよ。次に会うときは目をこすって違う目で見なければいけませんよ」

これをニーチェの友人観になぞらえて言うなら、「三日も会わなければ、同じ人とは思えないくらい成長しているかもしれない。そういう人が友というものだよ。刮目《かつもく》して（目をこすってよく見て）いなさい。大いに刺激を受けなさい。互いを成長の糧《かて》としなさい」となります。こういう友人だと、ボーッとしていられませんね。自然と「切磋琢磨の関係」を構築できそうです。

## 「真実の言葉」でつながる友人ほどすばらしいものはない

ツァラトゥストラの言葉は、非常に厳しいものです。ここでも「私は君たちの最善の敵でもあるから、私が君たちに真実を語ることを許せ」と言っています。

平たく言えば、「思ってもいないお世辞のようなまやかしは言わない。君たちをちっぽけな人間だと思えば、歯に衣《きぬ》着せず、そう断じる」ということ。人は痛いところを突かれると、グサッときて落ち込んだり、怒り出したりするものですが、「本当のことを言うと、相手を傷つけるんじゃないか」と気をつかう時点で、もう友人関係は築けないというわけです。

いまは多様なハラスメントの問題があって、なかなか厳しい言葉が言えなくなっています。それでもちょっと丁寧な言葉づかいをすれば大丈夫。みなさんには「強い者同士で対等に戦ってこそ得られる友情」を目指していただきたい。思ったままをぶつけ合い、「真実の言葉」でつながる友人ほど得難くすばらしい存在はありません。

ちなみにニーチェは、ヘラクレイトスの考え方に傾倒していました。『ニーチェ全集　第七巻（第Ⅱ期）』（白水社、薗田宗人訳）に次のような記述があります。

**世界がひとつの神々しい遊戯であり、善悪の彼岸にあるという点において——私はヴェダンタ哲学とヘラクレイトスを先人として有している。**

『ニーチェ全集　第七巻（第Ⅱ期）』二百六十一ページ

ヴェダンタ（ヴェーダーンタ）哲学とは「人間は一人ひとり、大宇宙と一体だ（梵《ぼん》我《が》一如《いちによ》）」とする古代インドの哲学。これとヘラクレイトスの哲学を「人生の神々しい遊び」だと、ニーチェは考えていたとわかります。
プレソクラテス（ソクラテス以前の哲学者）であるヘラクレイトスは、世界を動かすメカニズムを「パンタ・レイ（万物は流転する）」という言葉で表現しました。「世界は絶え間ない変化により生まれ、その変化は万物が対立することで生じている」としたのです。ニーチェはヘラクレイトスのそういう考え方を継承し、「対立する二つのものがぶつかり合う、そのせめぎ合いのなかから、新しいものが生まれる」と考えました。「戦いのなかで友情は育まれ、敵対する二人に幸福がもたらされる」という考え方は、その延長線上にあると言えます。『悦ばしき知識』の「ヘラクレイトス主義」に、こんな言葉があります。

**地上のあらゆる幸福は**
**友よ、闘いが与える！**

『悦ばしき知識』四十ページ

# 同情と思い上がり

**同情の克服ということを、わたしは高貴な徳の一つに数えている。**

『この人を見よ』二十九～三十ページ

何か不幸・不運なことがあって、大変な思いをしている友人がいたら、あなたはどんなふうに声をかけますか？　まさか、

「ああ、かわいそうにね」

なんて言いませんよね？　そんな同情するような言葉をかけたら、ニーチェに叱られますよ。

同情するということは、自分が相手の優位に立っている、もっと言えば相手を見下している気持ちの裏返しでもあるからです。

みなさんにも「同情されて、ちょっと不愉快な気持ちになった」ことがあるのでは？　も

う三十年ほど前になりますが、「家なき子」というドラマで、安達祐実さんが演じた、貧困に苦しむ少女が言ってましたね、

「同情するなら、金をくれ」と。

流行語になるほど強烈なインパクトのある台詞でしたが、ようするに「口先だけで、かわいそうな人の力になった気になってるんじゃないよ、ふざけるな」ということでしょう。

とくに強い精神を持った人は、こんなふうに反発したくなるくらい、同情されることに屈辱を覚えるのです。

## 同情という名の「軽視」をしていないか？

何らかの障害のある人に対して、「かわいそうにね」と同情する人がいます。それは健常者の傲慢《ごうまん》というもの。あるいは「差別」とも言えます。

障害のある・なしとは関係なく、一人の人間対人間として対峙《たいじ》する、友情はそういう対等な関係性から生まれるのです。

車椅子テニスの国枝慎吾さんが何かのインタビューで語っていましたが、すごく努力して、がんばってゲームであれだけのパフォーマンスを見せているのに、ときに「障害がある

のに、すごいですね」というふうに言われるそうです。

国枝さんとしては、車椅子テニスを一つの競技として、〝同情の色眼鏡〟をかけずに認知してもらいたいと努力を続けてきました。自分のプレイを見た人たちが純粋に興奮し、感動する、そんなゲームができるよう、自分自身を高めてきたのです。エネルギーのすべてをそこに注いだと言っても過言ではないでしょう。

だからこそ国枝さんは、東京パラリンピックで金メダルを獲得したとき、「車椅子テニスがようやく一つの競技として認知してもらえた」と、重責を果たしたすがすがしさを感じ、気持ちが解放されたのでしょう。

「〇〇なのに、すごいね」という見方は、同情という名の軽視でしかありません。ニーチェなら、そんなふうに相手を低く見るような言い方は断じてしません。互いを高め合う友情は、相手を尊重することから始まるのです。

## 同情が相手の力を奪うこともある

私たちはともすれば「同情はイコール共感すること」と、何となくいいイメージで捉えているかもしれません。しかし安易な同情は禁物です。なぜなら同情することで、相手の力を奪っているケースがあるからです。

たとえばあなたが懸命にがんばって仕事をしているとします。そんなときに周囲から、

「あんまりムリしちゃダメだよ。すごく大変な作業だものね、体を壊すよ。もう放り投げたいんじゃない？　わかるよ、これ以上続けたくないっていう苦しい気持ち。君、すごく疲れてるみたいだもん。かわいそうに。もうやめちゃいなよ」

などと声をかけられたらどうでしょう？　やる気が萎えますよね。

こんなふうに「わかるよ、わかるよ」と妙に理解のあるところを示すと、同情することで相手のやる気を挫き、成長の足を引っ張ってしまうことが多々あるのです。それではニーチェの言う「高め合う関係性」の反対をいくことになります。

同情によって互いを低め合う、そんな関係は「真の友情」ではないと心得ましょう。

# 第3章

# 末人になるな、超人になれ

# 神の死

**いったいこれはありうべきことだろうか。**
**この老いた超俗の人が森にいて、**
**まだあのことをなにも聞いていないとは。**
**神は死んだ、ということを。**

『ツァラトゥストラ』十七ページ

この言葉は冒頭の「ツァラトゥストラの序説」に出てきます。

三十歳のときに故郷を捨て、山に入ったツァラトゥストラが、飽きることなく孤独を楽しんだ十年を経て、不意に山を下りることを決意。過剰な光を自分に注いでくれた太陽に向かって、こう宣言しました。

**見よ、わたしはいまわたしの知恵の過剰に飽きた、**

**蜜蜂があまりに多くの蜜を集めたように。**

**わたしはわたしにさしのべられるもろもろの手を必要とする。**

**わたしはわたしの所有するものを贈り与え、分かち与えよう。**

『ツァラトゥストラ』十三ページ

前に少し触れたように、ツァラトゥストラは自分が山奥で得た知恵を惜しみなく人間たちに与えようと思って、山を下りました。途中、森で出会った超俗の老人から、「人間たちのところに行くな。森に留まれ」と言われたのですが、意に介しません。老人と別れたあとに心のなかでつぶやいたのが、本項冒頭の言葉なのです。超訳すると、

「あなた（超俗の老人）は森で暮らしていながら、まだ聞いてなかったのですか？　神は死んだんだよ」——。

「だったらツァラトゥストラは誰から聞いたの？」とツッコミたくなるところですが、そこはさわらずにおきましょう。

いずれにせよ「神は死んだ」という一言は、何気ない感じで発せられてはいるものの、当時は世界中に激震が走りました。

人間や世界の創造主たる神さまがいないとなると、キリスト教の支配する世界が根底から覆されてしまいますからね。

## 科学が「神のいない世界」を創造し始めた

ニーチェが「神は死んだ」と言った背景には、科学の発展があります。ただ当時のキリスト教では、神の存在を脅《おびや》かすような科学的事実など、あってはならなかったのです。

その典型例が「地動説」。ニーチェが生まれる三百年ほど前にコペルニクスが提起し、それを引き継ぐ形でガリレオ・ガリレイが発展させたものです。ガリレオは、一五六四年生まれ。一八四四年生まれのニーチェより二百八十年前の生まれです。

いまでは「地動説」を疑う人はいません。小さな子どもたちでも「地球は太陽の周りを回っている」ことを知っています。

でも中世ヨーロッパでは、「天動説」といって、「宇宙の中心に地球があって、その周りを太陽や惑星が回っている」と信じられていたのです。でないと「神が世界を創った」という〝神話的事実〟に反してしまうからです。

それでガリレオは宗教裁判にかけられ、異端と断罪されてしまいました。

ニーチェより三十五歳お兄さんのダーウィンも、キリスト教に衝撃を与えた科学者の一人です。キリスト教的には「人間は神が創ったもの」なのに、進化論を唱えたダーウィンは、共通祖先から、変異と自然選択を通じて生物は進化してきたとしました。単純化して言えば、

「生き物はとても簡単な原始生物から進化してきたもの。人間を含めて、神によって個々に創造されたものではない」

としたのです。

一九二五年、アメリカのテネシー州では「進化論禁止法」が制定されるなど抵抗もありましたが、「神が世界を創った」という世界観は、崩れていきました。

科学者によって新しい世界観が示されたことで、キリスト教による支配が綻《ほころ》び見せ始めたと言っていいでしょう。

## 神の存在が人間の成長を阻んでいた

もちろんキリスト教は、いまも多くの人々の信仰を集めています。宗教というのはいまの時代でも、人々の心の拠り所として、また心の迷いを受け止めてくれるものとして、その存

在感と魅力が色褪《いろあ》せることはありません。

けれども「世界や人間を創造したのは神ではない」ことが、だんだん明らかになっていきました。

そこへニーチェが現れ、

「キリスト教が人間を抑圧している。そこから解放され、私たち一人ひとりが自分自身を取り戻さなくてはいけない。神はもう死んだんだ」

とバッサリ。

神という全知全能の存在があると思うから、人間は「どうせ自分なんてダメ人間さ」と萎縮する。何か新しいことに挑戦しようという意欲を奪われる。結果、成長を邪魔される。そう主張したのです。

世界観を塗り替えるような一大事を、ニーチェはいとも簡単にやってのけたように思うかもしれませんが、そんなことはありません。牧師の家に生まれたニーチェにとっては、「神は死んだ」と明言するなど、命がけの挑戦だったと思います。

現実には、神的存在を信じることでパワーが生まれることもあります。信仰を持つ人がクリエイティブであることも当然あります。

私たちが受け止めるべきは、「この世に絶対的な存在はない。いない以上、恐れるに足りない。ビビらず、自分の意のままに、自由に生きよ」というメッセージです。うつむきがちな毎日を送っているよりも、背筋をシャンと伸ばし、前を向きたいものです。

# 駱駝・獅子・小児

君は一つの新しい力であるか。
新しい権利であるか。
始原の運動であるか。
自分の力で回る車輪であるか。

『ツァラトゥストラ』百三十四〜百三十五ページ

ニーチェは精神の発達を三段階で捉えています。右記の言葉を解説する前に、「精神の三様の変化」について見ておきましょう。まずニーチェはこう述べています。

わたしは君たちに精神の三様の変化について語ろう。
すなわち、どのようにして精神が駱駝《らくだ》となり、駱駝が獅子《しし》となり、獅子が小児となるかについて述べよう。

『ツァラトゥストラ』四十八ページ

ニーチェはその三段階を「駱駝」「獅子」「小児」と名づけています。それぞれ精神のどういう状態を意味するのか、一つずつ見ていきましょう。最初の「駱駝の時代」について。

**畏敬を宿している、強力で、重荷に堪える精神は、数多くの重いものに遭遇する。そしてこの強靭な精神は、重いもの、最も重いものを要求する。**

**何が重くて、担うのに骨が折れるか、それをこの重荷に堪える精神はたずねる。そして駱駝のようにひざまずいて、十分に重荷を積まれることを望む。**

『ツァラトゥストラ』四十八ページ

「駱駝の時代」とは、いわゆる修行時代のようなもの。自由に振る舞うことができず、自らすすんで義務を果たすなかで、ときに自己卑下に陥りながら苦しく辛い思いをしながら社会のルールを学んでいく、そんな時代を意味します。

やがて精神は自由を求めるようになり、「獅子の時代」を迎えます。

**孤独の極みの砂漠のなかで、第二の変化が起こる。そのとき精神は獅子となる。精神は自由をわがものとしようとし、自分自身が選んだ砂漠の主《あるじ》になろうとする。**

『ツァラトゥストラ』四十九ページ

自我を獲得し、自己主張していくのが「獅子の時代」。たとえ義務とされていることであっても、自由意思のままに「ノー」を突きつけることができるようになります。

この言葉に触れると、私は一九六〇年代のアメリカの若者が中心になって展開した「カウンターカルチャー」を想起します。旧来の既成文化を根本的に批判する、新たな文化として登場したものです。社会が「獅子の時代」にあったと言えます。

同じ時期に登場したロック・ミュージックもその一つ。「体制的な考え方をぶっ壊せ！」とばかりに〝ロック魂〟が炸裂《さくれつ》しました。

あるいはゴールドラッシュのときに作業着として生まれたジーンズが、一転してファッションアイテムとして注目され、さらにプレスリーやマーロン・ブランド、ジェームズ・ディーンらニューヒーローによって〝反逆児的なかっこよさ〟を象徴するファッションへと変化していった。そんな現象も「獅子の時代」を彷彿とさせるものがあります。
そして最後、精神のいわば〝完成形〟に達する「子どもの時代」とは、どんなものでしょうか。

**小児は無垢《むく》である、忘却である。**
**新しい開始、遊戯、おのれの力で回る車輪、**
**始原の運動、「然《しか》り」という聖なる発語である。**
**そうだ、わたしの兄弟たちよ。創造という遊戯のためには、**
**「然り」という聖なる発語が必要である。**
**そのとき精神はおのれの意欲を意欲する。**
**世界を離れて、おのれの世界を獲得する。**

『ツァラトゥストラ』五十一ページ

一言で言えば「子どもの時代」とは、「すべてを肯定し、遊ぶ時代」。といっても「子どもに返る」のではありません。社会のルールに縛られて生きる不自由さや苦しみがわかっていて、その経験から旧態依然とした価値観に反抗し、自己主張する術《すべ》を覚える、その先に開ける無垢な精神の状態を意味します。

言い換えれば、精神が「子どもの時代」に到達すると、自分を全肯定して、新しい価値を生み出すことができる、ということです。

たとえるなら、ピカソのような精神性がそう。ピカソの絵は一見すると、子どもが描いたようですよね？ ピカソの絵を鑑賞した小学生が感想文に、「ぼくにもかけるとおもった」と書いた、なんて話もあります。ピカソ自身も晩年、

「この歳になって、やっと子どもらしい絵が描けるようになった」

と言っているのは興味深いところ。さまざまな人生経験を積んで初めて、「子どもが遊ぶように、好きに絵を描く」境地に達することができたのでしょう。

また「子どもの時代」を体現した人物の一人に、良寛さんがいます。良寛さんは子どもたちとまりつきをして遊ぶのが大好き。次のような歌（短歌）を残しています。

**この里に　手まりつきつつ　子供らと　遊ぶ春日は　暮れずともよし**

**霞立つ　長き春日を　子供らと　手まりつきつつ　今日もくらしつ**

良寛さんの弟子になった貞心尼《ていしんに》は、良寛さんを訪ねて留守だったときに、手まりにこんな歌を添えて〝置き手紙〟をしたそうです。

**これぞこの　仏の道に　遊びつつ　つくやつきせぬ　御のりなるらむ**

「これが仏の道に遊びながらつく手まり。ついてもついても尽きることがないのが仏の教えなのでしょうね」という意味です。これに返した良寛さんの歌がこれ。

**つきてみよ　ひふみよいむなや　ここのとを**
**十とをさめて　また始まるを**

「ひぃふぅみぃよ……と数えながらまりをつき、十で終わって、また始まる。そういう手まりと同じで、仏の教えも限りのないものだよ」と言っています。

良寛さんは手まりという遊びを通して「仏の道」を見ていたのです。さすが良寛さん、ニーチェの言う「小児の時代」を感じます。

こういった「精神の三様の変化」を踏まえて、改めて本項冒頭の言葉を味わってみてください。

「君は一つの新しい力であるか。新しい権利であるか。始原の運動であるか。自分の力で回る車輪であるか」

と自身に問いかけることで、「自由人たる自分」でありたいと思えてくるのではないでしょうか。

この感覚は若い人はもとより、シニアの方にも大事にしていただきたいものです。というのもいまは、六十の坂を上り、七十の坂を超えても、さらに二十年の人生があるからです。すでに仕事や子育てを通して、十分に社会的義務を果たしてきたのですから、いよいよ「子どもの時代」に没入していってもいいころ合いです。

元気に子どものように遊び、どんどんおもしろいチャレンジをして新しい価値を創造するのがいい。その際、これまで貯めこんだお金を惜しみなく使うのもよし。遊びを楽しみながら、経済を回すことに貢献できます。

ニーチェのこの言葉はあらゆる年代の人を世のしがらみから解放し、自由を謳歌する気持ちと創造性に向かうやる気をかき立ててくれるようです。

# 自己をひらく

**多くを見るために、**
**自分自身を度外視することが必要だ。**

『ツァラトゥストラ』三百三十八ページ

「自分自身を度外視する」とは、「自分自身に対する意識を捨てる」ことです。

自分に対する意識を持つのは大事なことのようですが、自意識ばかり強くなると、外の世界に対して目を閉じてしまう危険があるのです。

自意識過剰になると、自分の内にこもりがちになり、視野が狭くなるうえに、自身を外に向かって開いていくことが難しくなります。

## 「自撮りばかりする人」が失っているもの

一昔前には、自分の写真を撮りたければ、人に頼むのが当たり前でした。自分のカメラを誰かに預けて、「背景にあれを入れてね」などとお願いして撮ってもらったものです。もちろん自分で自分を撮ることも不可能ではないけれど、アングル的にベストな位置にカメラを置き、タイマーを設定し、最後に自分が〝所定の位置〟に戻って、シャッターのおりるのを待つなど、手間はかかるわ、失敗は多いわで、便利に使う人はそう多くはありませんでした。

けれどもいまは、スマホで簡単に自撮りできます。しかもプレビュー画面で仕上がりを確認しながらシャッターを押せるので、あまり失敗もありません。

その手軽さとＳＮＳで高まる自己承認欲求が相まって、自撮りばかりしている人が増えています。そういう行為自体が、自分のことばかり気にしていることの裏返しのように思えます。

たとえば旅先で、「わぁ、きれいだね」「すごいね」「映えるね」などと感動して撮った写真のすべてに自分が映っている。そういう人は風景そのもの、つまり「自分のいない風景」を純粋に楽しむことができません。記憶に留めることも難しいでしょう。

思い当たるところのある人は、意識して自分をはずしてみてください。それだけですばらしい風景を織りなす自然の要素や、空・山・海を彩る豊富な色彩が浮き上がって見えるなど、自分以外のいろいろなところに目がいくようになります。

風景でも、建物でも、料理でも、物でも、あるいはスポーツ観戦や観劇、芸術鑑賞の場に身を置いたときでも、とにかく自分を度外視してみる。たちまち視野が広がり、感性が豊かになります。

ニーチェが言うように「多くを見る」ことができるのです。

## 自分自身を度外視すれば、世界のすばらしさが見えてくる

自分にしか目がいかない人は、誰に対しても「自分と比較する」傾向があります。

そうして自分より上だと見るや、それを認めたくなくて、「嫉妬心」を燃やす。逆に自分より下と見ると、やけに尊大な態度を取る。そういうことが多いのです。

男子学生によくあるのが、たとえばつき合っている女子が男性タレントのファンで、「あんなの、大したことないよ」とけなしてしまうようなことです。女子としては自分までけなされたようで、あまり気分のいいものではありません。それで二人の仲がうまくいかなくなるケースがけっこう多いのです。

そもそも人気タレントを自分の比較対象とすることに、ほぼ意味はありません。比較とい

うのは何か共通項のある者同士で成り立つものだからです。タレントと自分を比べるなんて、「カレーと大福とどちらがおいしいか」などと、比べようのないものを比べるのと同じでしょう。

それなのにタレントのことをよく知りもせずに「あんなちゃらちゃらした男、どこがいいんだよ。イケメンでもないし、歌も踊りも演技も二流じゃん」と言って、いかにも自分のほうが上だと言わんばかりの態度を取る。

自分ではマウントを取ろうとしているのかもしれませんが、逆に「小さいな」と思われるだけです。

好き嫌いは人それぞれですから違うのはかまいませんが、そこに嫉妬心が見え隠れしていると、人間として小さいような気もします。

自分を度外視することができれば、誰彼の区別なく自分と比較するために生じる「無用の競争」を避けることができます。公正な目で対象を見て、「いいところを褒める」度量の広さが持てるからです。

いまの例で言えば、つき合っている彼女の好きな男性タレントの魅力を認める。それだけでいい。

自己愛が強すぎると、自分を狭い世界に閉じ込めることになりかねません。「多くを見る」ためには、自分を度外視し、物事と敵対せずに素直な気持ちで向き合ったほうがいい。

そうして「開かれた自己」にしていくと、いろんな見方や考え方に寛容になり、自身の世界が広がっていきます。

このように「自分を度外視する」ことは、宮沢賢治のモットーとする生き方でもあります。「雨ニモマケズ」のなかで、次のように書いています。

**アラユルコトヲ**
**ジブンヲカンジョウニ入レズニ**
**ヨクミキキシワカリ**
**ソシテワスレズ**

「自分を勘定に入れない」という表現がまたすばらしい。

人との競争からちょっと離れたところにいて、人の話を「うん、うん」と親身になってよく聞き、しかも忘れない。

そういう姿勢に人間の魅力が感じられるように思います。

宮沢賢治のなかにニーチェに通じるものがあるというのは、なかなか新鮮な発見ではないでしょうか。

# 嫉妬心の克服

**あらゆる徳は他の徳にたいして嫉妬の念をもつ。**
**嫉妬とは恐るべきものである。**
**徳も嫉妬がもとで破滅することがある。**
**嫉妬の炎につつまれた者は、最後には、**
**さそりと同様に、自分自身に毒針を向けるのだ。**

『ツァラトゥストラ』七十四ページ

嫉妬心が高じれば、相手を憎むようになります。相手の優れたところを「いいなあ、すごいなあ」とうらやんだり、「それに比べて自分は……」と引け目を感じたり、「どうしてあいつばかりが……」と妬んだり。その気持ちが軽ければまだしも、だいたいにおいてそこで止められず、憎むところまでいってしまいます。

そのくらい嫉妬心というのは自分では制御しにくいものですが、ニーチェは『善悪の彼岸』のなかで、「嫉妬と憎しみの関係」について次のように言っています。

**なお軽視しているかぎり、憎悪することはない。**
**むしろ、同等または高等であると認めるとき、始めて憎悪する。**

『善悪の彼岸』百四十五ページ

たしかに自分より下に見ている人に対しては、嫉妬することも、憎むこともないでしょう。同様に、突き抜けてすごい人に対しても、嫉妬心は生じにくいかもしれません。勝負する気も起きず、したがって憎むには至らないのです。

厄介なのは、自分と同等か、ちょっと優れた人――言い換えれば、ちょっとがんばれば肩を並べられると思える相手です。

嫉妬を感じるだけではなく、その人が自分より評価されたり、優遇されたりしていると、「どうして自分ではなく、あいつなんだ」といった憎しみも生じます。

ニーチェが「克服すべきだ」とする嫉妬は、善悪、優劣、美醜などの価値観から生じるもの、と理解していいでしょう。自分自身の価値観を持たず、誰かと、何かと比較して優劣をつけるから嫉妬心が生まれるのだ、という考え方です。

そういう嫉妬心が恐ろしいのは、最後には自分自身に毒針を向けるところにある。そうニーチェは指摘しています。

## 嫉妬は結局、悲劇に帰結する

本項冒頭の言葉の後半二行はおもしろい表現ですね。なぜ「さそり」が登場するのか不思議な感じがしますが、どうやらさそりは一八〇〇年代末まで、「周りを火で囲まれると、自分の体を刺して自殺する」と言われていたようです。それでニーチェは、さそりと嫉妬の炎をかけたのでしょう。

もっともこの説は、昆虫学者ファーブルによる実験により、真実ではないことが証明されています。サソリを火で取り囲んだところ、一時的にパニックを起こして動かなくなったものの、外に出して冷たい石の上に置いたら、一時間ほどして動き出したそうです。

それはさておき、嫉妬心というのは炎になるまで燃やしてはいけません。その恐ろしさは、シェイクスピアの『オセロ』に描かれています。あらすじを紹介すると——

ヴェニスのムーア人の軍人オセロは、父の反対を押し切って、美しいデズデモーナと結婚しました。そのオセロを嫌っていたのが部下のイアーゴー。彼はまた自分を差し置いて昇進した同輩キャシオーのことを妬んでいました。

そこでイアーゴーは、オセロとキャシオーを同時に陥れようと、一計をめぐらせます。何とオセロに「キャシオーがデズデモーナと密通している」というウソを告げたのです。

オセロはそのウソを信じてしまい、怒る余り、イアーゴーにキャシオーを殺すよう命じます。さらに嫉妬の炎を燃やしたオセロは、自らの手でデズデモーナを殺してしまいます。しかしその直後、真実を知ったオセロは自らの命を絶ったのでした。

嫉妬心が二重、三重に絡み合うなかで起こった悲劇――この作品の三幕三場でシェイクスピアは、嫉妬を「グリーンアイド・モンスター」と表現しています。イアーゴーは、自分でオセロをたきつけておきながら、オセロにこう言います。

**O, beware, my lord, of jealousy;**
**It is the green-eyed monster which doth mock**

「閣下、嫉妬にはお気をつけなさい。嫉妬は目玉が緑色の化け物。人の心を翻弄し、食い尽くします」と。ニーチェが「さそり」と表現したのは、まさにこの怪物のことです。

「嫉妬の感情はせこい人間の抱くもの。そのせこさから脱しよう」

というのがニーチェのメッセージです。

## 比較するなら、過去の自身と比べよう

では嫉妬の炎が燃え上がるのを未然に防ぐには、どうすればよいでしょうか。一番いいのは、比較する対象を自分自身にすることです。

スポーツ選手で言えばそれは、「自己ベスト」を出すということです。「ライバルたちよりいい記録を出して勝ちたい」なんて気持ちはすっぱり捨てて、自分自身の持つ一番いい記録を上回る数字を出すことだけを考えるのです。

たとえばプロ野球選手なら、打率や本塁打数、最多安打、最多盗塁、最多勝利、最多奪三振などのタイトルを狙うと、競争を免れません。どうしても自分の上をいく選手に対して嫉

妬心が生まれます。

でも「二百打点」とか「打率三割、本塁打三十本、盗塁三十」「先発で十五勝」「投球時速百五十km超え」「出塁率」などと目標を設定すれば、戦う相手は自分自身。嫉妬とは無縁でいられます。

同様に仕事なら、営業成績でも報酬でも人事評価でも、常に過去の自分に勝つことを心がければよろしい。勉強なら、テストがあるたびに成績の順位を気にするのをやめ、以前の最高点記録を上回ったか、あるいは志望する大学の合格確率は上がったかをチェックする。ほかの人の点数や順位が気にならなくなります。何につけ、

「ライバルは過去の自分です」

そう胸を張って言うほうが、人と比べて勝ったの、負けたのと、嫉妬心をむきだしにして騒ぐ人より数段かっこいいと思いますよ。

## 燃え上がってしまった嫉妬の炎を消火する方法

次に、嫉妬心が湧き上がってしまったときに、その炎を小火《ぼや》のうちに消す方法を考えてみましょう。二つあります。

一つは、自分より優れたものを持つ人を素直に褒めることです。

漫画家の手塚治虫さんはその範となる人物の一人。あれほどの才能にあふれた手塚さんでも、自分にはない才能を見ると、ひどく嫉妬したといいます。こんなエピソードが伝えられています。

それは、石ノ森章太郎さんが「COM」という雑誌に、漫画家を目指す少年が幻想の世界を旅する姿を描いた作品『ジュン』を連載していたときのこと。この作品は台詞がほとんどなく、絵とコマの流れだけで話が読み取れるという、実験的な表現技法が駆使され、注目を集めていました。

これに嫉妬した手塚さんは、ある読者に宛てた手紙のなかで、『ジュン』をけなしました。その酷評を耳にした石ノ森さんは、連載を見合わせようとしたそうです。尊敬する手塚さんに認められなかったことが、それくらいショックだったのでしょう。

あわてたのは手塚さんです。すぐに石ノ森さんの自宅に出向き、「あれは嫉妬心からのこと。うらやましかったんだ。申し訳ない」と謝ったのでした。

一度は嫉妬しても、そんな自分を反省し、素直に謝って相手の才能を認める。こういうプロセスをたどることができれば、嫉妬の炎を小火のうちに消すことが可能でしょう。

みなさんも「あ、これは嫉妬してるな」と自覚するようなことがあったら、早めに「ごめんなさい、嫉妬していました」と打ち明けるといい。嫉妬した事実を口から外に出すことで、嫉妬の毒針で自分を刺すことを避けられるはずです。

もう一つの方法は、嫉妬心を向上心に転換することです。

無意識だったと思いますが、手塚さんはこの方法も実践していました。たとえば水木しげるさんが『ゲゲゲの鬼太郎』で妖怪ブームを巻き起こしたとき、手塚さんは「俺にだって描ける」と持ち前の負けん気を発揮。百鬼丸《ひやっきまる》が魔物退治の旅に出る『どろろ』の連載を手がけました。

またリアルな描写の劇画が流行すると、自分が子ども向けの漫画家と見られることに、ノイローゼになるほど苦悩しました。その末に劇画タッチを意識した後期の代表作『ブラック・ジャック』が生まれたのです。

このように嫉妬の炎は、人の心を狂わせるだけではありません。自分にない才能を素直に認めれば気が楽になるし、向上心の燃料にすれば自分のなかに潜む新しい才能を目覚めさせることもできるのです。

ニーチェの言葉を胸に、嫉妬心と上手につき合いましょう。

# 内臓最強

**地上のものをさげすむようにと、**
**おまえたちの精神は教えこまれた。**
**しかしおまえたちの内臓は、**
**そう教えこまれはしなかった。**
**その内臓が、おまえたちのもつ最強のものなのだ。**

『ツァラトゥストラ』二百七十一ページ

「地上のものを蔑む」とは、逆に言えば、「天上のものを崇める」ということです。ニーチエはこの言葉を通して、

「君たちの精神はキリスト教の道徳に毒されている」

と指摘しているのです。前にも述べたように、人間はそのために自分に自信が持てず、ちっぽけな存在になってしまっているというわけです。

けれどもその〝キリスト教道徳による汚染〟を免れたものがある。それが「内臓」だ、というのです。「内臓、最強」とは、おもしろい表現ですよね。どういうことでしょうか。

## 内臓には「生への意思」が詰まっている

「内臓最強説」とでも称すべきニーチェのこの考え方は、「内臓は言葉を理解しないがゆえに、キリスト教に〝マインドコントロール〟されない、それだけの強さを持っている」ことに依拠しています。

たしかに私たちの内臓は、心臓も胃も腸もすべて、太古からずっと自律して動いています。精神と違って、いろんな思想や考え方を吹き込まれて、自分が本来やるべきことを見失いはしません。生き物としての意思を持ち、何の迷いもなく、休むこともなく、やるべきことをやり続けています。

肺は空気中の酸素を体内に取り入れ、不要になった二酸化炭素を外に排出しています。心臓は全身に血液を循環させます。胃や腸は食べ物を消化し、栄養素と水分を吸収して残りを便として排出します。腎臓は血液をろ過して体の中に溜まった老廃物や水分、取り過ぎた塩分などを尿と一緒に体の外へ出します。

そういった具合に、内臓はそれぞれが任されている役割を淡々とこなしているのです。そんな内臓を「最強のもの」と位置づけたニーチェは、前述したように、「肉体の軽侮者」という項目では「肉体は一つの大きい理性である」としています。

だいたいにおいて哲学は肉体を軽視します。「考える」という行為の主体が脳であり、その脳に理性が宿るというイメージでしょうか。

ところがニーチェは、まったく逆の捉え方をしています。肉体こそが大きな理性であり、脳の理性は肉体の道具だというのです。

これは時代を先取りした考え方と見ることもできます。実際、現代の科学では、内臓にフォーカスした著作がいろいろ発表されています。

その一つが、『胎児の世界　人類の生命記憶』（三木成夫）。「人間は母親の胎内にいる十月《とつき》十日《とおか》の間に、進化のプロセスを再現する」という説について解説しています。

胎児は最初、えらやしっぽのついた魚のような形をしているんですね。やがてえらがとれると、肺ができてきます。次にしっぽが消えて、うさぎに似たほ乳類の形になります。その後、人間として生きるために必要な各器官の基盤が形成されるそうです。

ということは、肉体には進化の歴史で積み重ねられた膨大な叡知が詰め込まれているも同然。実に壮大な話ではありませんか。「肉体は一つの大きい理性である」というニーチェの言葉そのままの世界観です。

三木さんは『内臓とこころ』という本のなかでも、同様に「人類が四億年かけて進化してきた生命の記憶は、内臓にある」という考え方を示しています。

もう一冊、『腸と森の「土」を育てる』（桐村里紗）という本は、「腸内環境は人にとって最も身近な自然環境である」としていて、興味深い論を展開します。

土のなかで暮らす微生物が食べ物とともに人間の腸に〝移住〟した、それが腸内細菌の起源だというのです。言われてみれば、その通り。腸という内臓が土と、ひいては地球とつながっていることに、とてつもない広がりを感じます。

ニーチェの「内臓最強説」が時の流れを経ていま、科学的に証明されつつあるように感じますよね。

## 大事なことはすべて「己の肉体」に聞け

ニーチェは本項冒頭の言葉を通して、非常に大きなアドバイスをしています。それは、「大事なことは肉体に聞け」

「迷ったり、悩んだりしたら、肉体に聞け」

ということです。これは食事で考えるとわかりやすいでしょう。

何を食べるかを決めるとき、あなたは何を判断材料にしていますか？　「健康にいいものを食べる」ことをモットーとする人は、頭で考えますね？

けれどもときに「今日はカレー気分」とか「なぜか猛烈に野菜が食べたい」「脂っこいものをガッツリ体に入れたい」などと思うことがありませんか？

そういうときは体の声に従ってみるのもいい。「これを食べたい」と欲するのは、体の声をキャッチしたことにほかなりません。

余談ですが、先般、ＮＨＫの「チコちゃんに叱られる！」で、嗅覚と食行動の関係について興味深い実験をしていました。

ふつう、「鰻のにおいがすると、鰻が食べたくなる」「カレーのにおいがすると、カレーを食べたくなる」ものだと思いますよね？　ところが逆だというのです。「鰻を食べたいから、鰻のにおいを感じる」「カレーが食べたいから、カレーのにおいを感じる」のだそうです。

実際、カレーを食べてお腹いっぱいになったスタッフに目隠しをして、目の前にカレーを置き、何のにおいがするかを尋ねたところ、「ご飯のにおいがします」と答えたのです。カレーを食べたばかりだと、カレーを食べる気持ちにならない。だからカレーのにおいを感じない、というわけです。

食べたいと思う気持ちがにおいを認識させるとは……衝撃の実験結果でした。胃袋という内臓も理性だと言えそうです。

食事だけではなく、「体の声」はさまざまな場面で発せられています。あなたも日常的に耳にしているのではないでしょうか。というのも「肉体は理性である」という考え方は、西洋哲学にとっては突飛《とっぴ》なようですが、日本人にはとても親しみやすいものだからです。

それが証拠に、日本語には「体の部位で感情の動きを表現する」慣用句がたくさんあります。はらわたが煮えくり返る、目頭が熱くなる、肩を落とす、足が重い、腕に覚えがある、腑に落ちる、肝が据わる、胸が痛む、舌が肥える、耳が早い、腫れ物に触るように、鼻が高い、頬が落ちる……枚挙に暇がないくらいです。

もっとも日本語に限らず、肉体にまつわる慣用句は世界中の言語にあります。慣用句には、庶民の身体の知恵が蓄積しています。

いまは大量の情報があふれ返っているせいか、「肉体の理性」が軽視される傾向にあります。こういった慣用句に触れることで、その重要性を再認識して欲しいところ。そのうえで、何か困ったり、悩んだりすることがあったら、体に聞いてみてください。

自分がやりたくないことには、体は必ず拒絶反応を示します。逆に、やりたいことをしていると、体は元気になります。そういう「体の声」に耳を傾け、一つの判断基準にするのも良いかと思います。

# 超人

**わたしはあなたがたに超人を教える。**
**人間とは乗り超えられるべきあるものである。**
**あなたがたは、人間を乗り超えるために、**
**何をしたか。**

『ツァラトゥストラ』十九ページ

プロローグで触れたように、「超人」はドイツ語で「ユーバーメンシュ（Übermensch）」といいます。英訳すると「スーパーマン」ですね。

実はイギリスの劇作家バーナードショーが一九〇三年に、「Man and Superman（人と超人）」という哲学的喜劇を発表しています。「ドン・ファン伝説をニーチェの超人思想や生命力の哲学によって解釈した」という作品です。

このときのスーパーマンはニーチェのユーバーメンシュから発想されたものですが、それが時を経て、マンガや映画、ドラマなどで大人気のあの〝空飛ぶスーパーマン〟になっていったのでしょうか。そう考えると、ちょっとおもしろいですよね。

## 超人を目指すことに意味がある

それはさておき、ニーチェはどうして「超人」なる概念をつくりあげたのか。その背景には、「いまの人間のようではダメだ」という考えがあります。

キリスト教に支配されていた当時、人間は当たり前に「神がいての私」と、あたかも「人間は神の下僕である、何をやっても全知全能の神にはかなわないちっぽけな存在である」かのように考えていました。

そうして神の前に卑屈になっている一方で、ちっぽけな者同士が少しでも上にいこうとする者の足を引っ張ったり、それぞれの持つ才能を嫉妬し合ったりしている。そういったことをニーチェは「人間的」と表現しています。

ニーチェには『人間的、あまりに人間的』という箴言集がありますが、このタイトルはまさにニーチェの人間に対する嘆きでもあるのです。

だからあえて「神は死んだ」と言い、「もはや人間の世界になったのだから、これまでのちっぽけな存在であった自分を乗り超えなければいけない。超人にならなければいけない。そのためにあなたがたは何をしたのか」と問いかけているのです。

続くくだりでニーチェは、人間が目指すべき「超人」を猿や虫になぞらえて語っています。表現がユニークでわかりやすいので、紹介しておきましょう。

**人間にとって猿とは何か。哄笑《こうしょう》の種、または苦痛にみちた恥辱である。**
**超人にとって、人間とはまさにこういうものであらねばならぬ。**
**哄笑の種、または苦痛にみちた恥辱でなければならぬ。**
**あなたがたは虫から人間への道をたどってきた。**
**だがあなたがたの内部にはまだ多量の虫がうごめいている。**
**またかつてあなたがたは猿であった。**
**しかも、今も人間は、どんな猿にくらべてもそれ以上に猿である。**

『ツァラトゥストラ』十九～二十ページ

何もニーチェは進化論を説いているわけではありません。あくまでも「超人を目指す」ことを第一義としています。ただここでは、「人間は進化の過程でたどってきた虫や猿をまだ引きずっている」と指摘しています。「猿でいいのか、〝人間的、あまりにも人間的な者ども〟よ」と言いたかったのでしょう。

## 何か一つ、やった後で得られるものがあればいい

「人間を乗り超える」というと、かなりハードルが高いように感じるかもしれません。でももっと気楽に考えていいと、私は思います。

感覚的には「ビフォー・アフター」。何かをやる前とやった後で、自分は自分を乗り超えた、というふうに考えるのです。

たとえばこれまで読んだことのなかったドストエフスキーを読もうと、まず『罪と罰』に挑戦する。読破したら、「ドストエフスキーを読んだことがなかった自分」を乗り超えたことになります。次に『カラマーゾフの兄弟』を読んだら、「ドストエフスキーの作品のなかでは『罪と罰』しか読んだことのなかった自分」を乗り超えられます。

もしツァラトゥストラに「人間を乗り超えるために何をしたか」と問われたら、堂々と、「ドストエフスキーを読んだ、『罪と罰』と『カラマーゾフの兄弟』を読んだ」と答えられま

すよね。

こんなふうに、何か新しいことに挑戦したり、いままで知らなかったものとの出会いがあったりすると、それを境に新しい世界が広がります。それこそがまさにニーチェの言う「乗り超える」ということです。

みなさんもぜひ「ビフォー・アフター」を意識して、未知のことに挑んでいってください。「超人」になる道筋が見えてくるはずです。

# 第4章

# 高みを目指せ！

# 幸福

**これがわたしの朝だ。**
**わたしの日がはじまる。**
**さあ、のぼれ、のぼってこい、**
**おまえ、「偉大な正午よ」――**

『ツァラトゥストラ』七百三十八～七百三十九ページ

『ツァラトゥストラ』の最後を明るく締める、実に力強い言葉です。

ここにある「正午」とは、ツァラトゥストラが新たな使命に目覚め、「昼間の事業」に向かう、その瞬間を意味します。

最終章で九人の高人に対する同情に翻弄されたツァラトゥストラは、彼らとはもう関わらないと退けます。そうしてすがすがしい気持ちで、人々が生きる〝下界〟の共同体の事業に参加しようと決めます。

右記の言葉には、このときツァラトゥストラが「よし、やるぞ！」と気合いに満ちて洞窟を後にする感じがよく表れています。

この前段にあるのが次の文章。


**「同情だ。高人たちにたいする同情だ」と叫んだ。**

**いまや、彼の顔貌《がんぼう》は鉄石のそれになった。**

**「よし。その同情の季節は――過ぎたのだ。**

**わたしの悩み、そしてひとの悩みへのわたしの同情、――それがわたしに何のかかわりがあろう。**

**いったいわたしはわたしの幸福を追求しているのか。**

**否、わたしはわたしの事業を追求しているのだ」**

『ツァラトゥストラ』七百三十八ページ

訳者の手塚富雄さんは「わたしの事業」について、「人類の生を可能にする事業」だと解説しています。人類を真の超人へと導くことが、ツァラトゥストラの事業であると解釈していいでしょう。

ニーチェは『ツァラトゥストラ』を通して、ずっと「自分を愛しなさい」と言い続けています。けれどもそれは、「すべてを〝自分事〟で完結させる」こととは違います。彼の視線の先には、自分の幸福の枠を超えた大きな世界が広がっているように思います。

## 悩みや苦労がなければ幸せな人生なのか？

ツァラトゥストラが追求しているものは「幸福」ではありません。人はとかく「悩みが解消されたら幸福になる」と思いがちですが、彼は違います。

「そんなものは幸福ではない。自分は事業を成すことに幸福を追い求める」

と言うのです。たしかに人生の目標を考えたとき、「悩みや苦労がなく、幸せに生きることです」というのでは、何となくスケールが小さくて、おもしろくないような感じがします。

というのも事業が何であれ、幸福感は、悩んで苦労して成し遂げた先にあるものだと思うからです。

歴史を振り返れば古来、大勢の人が大事業にかかわってきました。たとえば古代エジプトのピラミッド。大きなものだと底辺の長さが二百数十メートル、高さが百五十メートルにも達するといいますから、一つひとつ石材を積み上げていく作業には、想像を絶する苦労があったことでしょう。

以前は「ピラミッドの建設は多くの奴隷を用いた強制労働により行われた」とされていましたが、いまは疑問視されています。奴隷を徴用した証拠がなく、また遺跡から労働者たちが家族とともに暮らしていたらしい遺構が発見されたり、墓地に埋葬されていた労働者の死体に外科手術が施された痕跡が認められたりなど、奴隷労働説を否定する傍証が見つかっているのです。

だとしたら、ピラミッドの建設は雇用を確保するために行われた公共工事的な国家事業だった可能性があります。「ピラミッドは魂が不死になるための装置」とも言われていますから、労働者たちはそういう偉大な事業に喜んで参加していた可能性もあるでしょう。

日本の例だと、一九六四年に東京オリンピックが開催されたときは、国をあげて大事業に没入しました。「オリンピックまでに」を合い言葉に、首都高速道路を造ろう、東海道新幹線を通そうと昼夜兼行の工事が続けられ、競技施設はもとより、ホテルなどの大きなビルが次々に建設されました。

みんなが一丸となって「世界の人に日本の復興の力を見せるんだ！」と大事業に挑み、東京中がものすごい熱気で包まれました。

当時四歳だった私も何となくこの時代の空気感を覚えていて、それだけになおさら、閉幕後に汚職が相次いで露見した今般の東京オリンピックが残念でなりません。事業に参加する喜びより、自身の立場を利用して賄賂《わいろ》を受け取るなど、甘い汁を吸おうというずるい考えばかりが目立ちましたよね。

ツァラトゥストラがもし現代に生きていたら、二〇二一年の東京オリンピックには〝大カツ〟を入れたはず。「なぜ一九六四年の東京オリンピックのように、大事業に取り組むことの幸福を追求しなかったのだ」と。

## 「わたしの子どもたちは近い」という言葉の意味

先ほどの引用に続く部分に、「わたしの子どもたちは近い」という言葉が出てきます。とてもすばらしい言葉だと、私は思います。

なぜならここでいう「わたしの子ども」は、自分の子どもではなく、来る未来に生まれる超人を意味する、そこに壮大なロマンを感じるからです。ゲーテの『ファウスト』（岩波文庫、相良守峯訳）に共通するものでもあります。

ゲーテが六十年の歳月を費やして完成させたこの作品は、「学問は無力である」と絶望した大学者ファウストが、悪魔メフィストフェレスとある契約をすることから始まります。どんな契約かというと、「メフィストフェレスがどんな快楽を提供しようと、自分は決して享楽にたぶらかされはしない」と言うファウストが、もし永遠に続いて欲しいと願う幸福な瞬間に遭遇し、その瞬間に向かって、「留《と》まれ、お前はいかにも美しい」と言ったら、魂を悪魔にくれてやる、というものです。

ファウストがどんな〝魂の旅〟を続けたかは本を読んでいただくとして、ここで紹介したいのは、最後に人類や社会のための創造的な活動に身を投じることを決意する場面です。そのときのかっこいい台詞がこれ。

**知恵の最後の結論はこういうことになる、**
**自由も生活も、日毎《ひごと》にこれを闘《たたか》い取ってこそ、**
**これを享楽《きようらく》するに価《あたい》する人間といえるのだ、と。**
**従って、ここでは子供も大人《おとな》も老人も、**

危険にとりまかれながら、有為《ゆうい》な年月を送るのだ。
おれもそのような群衆をながめ、
自由な土地に自由な民と共に住みたい。
そうなったら、瞬間に向ってこう呼びかけてもよかろう、
留《と》まれ、お前はいかにも美しいと。

ファウストは何百万人もの人が幸せに暮らせる土地を開拓しようと決意。「どんな困難に遭遇しても、人は『協同の精神』によって助け合わなければならない」と気づいたのです。未来に向かって共同体を建設する――ファウストはそういう協同事業に参加することに人間の生きる意味があると悟ったわけです。その建設がたとえ幻影であったとしても関係ありません。

ツァラトゥストラもファウストも、次世代の子どもたちの生きる未来を創る事業に身を投じることにこそ、幸福はあると結論しています。人間って、自分だけが幸せでも、本当の意味での幸福感は得られないのかもしれませんね。

# 発見と発掘

**求めることにうんざりして以来、**
**見出すことを私はおぼえた。**
**風に行く手をさえぎられて以来、**
**どんな逆風も追い風にしてわが船は帆を張る。**

『愉しい学問』二十三ページ

この言葉は『愉しい学問』（講談社学術文庫、森一郎訳）にあります。「見出す」という表現がいいですね。

「求める」というと、「〇〇して欲しい」と誰かに何かを頼ったり、自分のなかにないものを欲しがったりするイメージ。一方、「見出す」は、自分が主体になって見つけ出す、あるいはすでに自分のなかに潜在的にあった能力を発掘する感じがします。

たとえば毎日歩いている同じ道でも、毎日目にしているからこそ小さな変化に気づくことがあります。その新しい発見から、思いもよらぬ世界が開けてくるかもしれません。

また何か新しいことに挑戦してみると、「へぇ、自分にはこんな能力があったのか」と気づくこともあるでしょう。私は授業でよく「いまの気持ちを短歌にしてみてください」とか、「本を読んだ感想をコントにしてください」といった課題を出します。学生たちはそんな無茶ぶりに見事に応えて、潜在能力を発揮してくれます。

そんな経験から、「見出す」ことの重要性を実感しています。

## 身近な「好き」を見出してみる

本田宗一郎さんの著書に『得手に帆あげて――本田宗一郎の人生哲学』があります。本田さんは「得手に帆をあげ」という言葉をよく使っていたとか。

慣用句としては「得意なことを発揮するチャンスが到来したら、その機を逃さずに利用する」ことを意味します。本田さんが言いたかったのは、ようするに、

「自分の得意なこと、好きなことを臆せずにどんどんやりなさい」

ということでしょう。そうして社員がためらわずに「得意」を発揮できるよう、背中を押したのだと思います。

好きなことに夢中になればこそ、いい風を受けて、人生航路を前向きにぐいぐい進んでいけるのです。

本田さんはこんなことも言っています。

**「惚れて通えば千里も一里」という諺《ことわざ》がある。それくらい時間を超越し、自分の好きなものに打ち込めるようになったら、こんな楽しい人生はないいんじゃないかな。**

自分の外側に「好きになれそうなこと」を求めるより、自分の内にすでにある「好きなこと」を見出す。そのほうが、逆風に行く手が遮られても、ちっとも苦にならない。むしろ苦闘・苦悶する時間が楽しくさえある。――本田さんの考え方は、ニーチェ的でもあると感じます。

**逆風が吹いても、追い風に変えてしまえばいい！**

実際、「あの〝逆風の時代〟があったから、いまの自分がある」と感じることは、誰しもあるのではないでしょうか。私自身、つい最近、そんな経験をしました。

それはコロナ禍により、すべての授業がオンラインになったときのこと。私はもともと対面授業が好きで、グループワークを得意としていたので、絶望的な気分になりました。最初のうちは、

「これまでの授業の生き生きとしたライブ空間が失われるなんて耐えられない。一年間、いやもっと長く続くんだろうか」

と頭を抱えるしかありませんでした。私だけではなく、コロナは、対面を基本とするさまざまな仕事に、大変なダメージを与えたと思います。

けれどもコロナ禍の過ぎるのを、ただ指をくわえて待つわけにはいきません。私は同僚の先生が開催してくれた説明会に参加し、Ｚｏｏｍを使ったオンライン授業のやり方を教わりました。これがやってみたら、とても便利！

たとえば百人が受講する授業で、「一人が発表したら、残り九十九人のみんなはチャットで褒めてください」とやったら、たちまちにして九十九個の褒めコメントがずらっと出現しました。対面の授業では、こんなことはありえません。

またグループワークでは、「では四人一組でやりましょう」と指示すると、一秒も経たな

いうちにきれいにグループ分けができました。いままで五分くらいかかっていたのに、びっくりです。

さらに丸一日がかりの集中授業では、「せっかく家から参加してるんだから、楽器を持ってる人にはちょっと演奏してもらおうか。昼休みに準備しておいてね」とリクエストしたところ、学生たちが昼休みの終わるのを待たずに、勝手にライブコンサートを始めました。また、自分のつくった動画をどんどん発表するなど、驚くことの連続でした。

北海道から参加していた学生は、「あれはウチの牛です」とか「これは妹です」と活気づけてくれていました。

コロナ禍は逆風だったけれど、〝オンライン授業革命〟とも言うべきものが起こったのですから、コロナが結果的に追い風になった感じです。私も気がついたら、Ｚｏｏｍ授業が得意技になっていました。

こんなふうに「あのとき、あの逆風が吹かなければ、自分の知られざる一面に気づかないままだったなあ」ということはよくあります。

ですからみなさんも逆風をいとわず迎え撃ち、追い風に変えて新しい世界を開いていくといいのではないかと思います。

逆風を乗り越えた先には大きな歓喜がある——このことは、ロマン・ロランの『ベートーヴェンの生涯』(岩波文庫、片山敏彦訳)を読むと、よくわかります。

**「悩みをつき抜けて歓喜に到れ!」**

これをテーマとする第九の世界が味わえて、絶望をよりリアルに理解できます。
耳が聞こえなくなるという音楽家として致命的な障害に苦しめられてなお力強く生きたベートーヴェンの意志が、わが身に乗り移ったかのように感じられ、力強く逆風に立ち向かう力が湧いてきます。ぜひ、ご一読を!

# 人生に感謝する

**どうしてわたしは、わたしの生涯全体にたいして感謝せずにいられよう？**

『この人を見よ』十五ページ

ニーチェの生涯は決して順風満帆ではありませんでした。ここでざっと生涯をたどってみましょう。

ニーチェは一八四四年、プロイセン・リュッツェン近郊、レッケンの牧師の家に生まれました。五歳で父を亡くし、二十歳でボン大学に入学します。

最初は神学を学ぶも、すぐに古典文献学に転向。師のリチュルを追って、二十一歳のときにライプツィヒ大学に移ります。このころ、ショーペンハウアーの『意志と表象としての世界』を読み、感銘を受けたと伝えられています。

その後、二十三歳で砲兵騎馬連隊に入隊。落馬して負傷し、療養生活を経て復学。ワーグナーの知己《ちき》を得ます。

そして二十四歳でバーゼル大学の古典文献学の教授に招聘《しょうへい》されました。

ここまではまあまあ順調でしたが、二十七歳のときに出した処女作『悲劇の誕生』が学界から手厳しい批判を受け、事実上、アカデミーから追放されてしまいました。

このころから目に激しい痛みを感じたり、偏頭痛に悩まされたりするようになります。

アフォリズムがニーチェのスタイルになったのは、『人間的、あまりに人間的』を刊行した三十代半ばのころ。体調の悪化に苦しみながら、アフォリズムを書き続けました。

三十九歳になると、一時は親交を持つも決別していたワーグナーが亡くなったのを機に四十一歳にかけての三年間で、一気に『ツァラトゥストラ』を書き上げました。以後も『善悪の彼岸』『ニーチェ対ワーグナー』『この人を見よ』など、多くの著作を完成させましたが、しだいに精神を病んでいきます。そして五十五歳で亡くなったのでした。

ニーチェほどの偉大な人が不遇をかこつ時期があったり、人間関係に苦悩したり、あんまり女性にモテなかったり、体調不良に苦しみ続けたりしていたのか。そう思うと、何だか哀れな印象を受けるかもしれません。

それでもニーチェ本人は、不運・不幸続きで、心身ともに苦痛を受けてばかりだった生涯全体に対して感謝をしています。

本項冒頭の言葉はそういう「感謝の表明」と捉えることができます。

辛いことばかりだと、人生を恨みたくもなりますよね。でもニーチェは、辛いこと、苦しいことに立ち向かいながら深く思考し、苦心に苦心を重ねて多くの著作を完成させた。そんな自分に対して感謝し、同時に苦労の甲斐あって自身の著作を多くの人々に贈ることができたことに充実感を覚えたのでしょう。

身にしみる言葉です。

## 自身の人生に感謝して死を受け入れた吉田松陰

ニーチェのこういう姿勢に触れると、幕末の志士・吉田松陰を思い出します。ご存じのように松陰は、尊皇攘夷を主唱した廉《かど》で刑死しました。外敵から日本の独立を守り、一方で欧米のいいところを学びとって近代化を推し進めようとした松陰の活動は、松下村塾《しょうかそん》の門弟たちに受け継がれ、やがて明治維新へと向かう時代の大きなうねりをつくり出しました。

享年三十歳と非常に短い人生でしたが、松陰にはもともと「自分の人生は死をもって終わる」という考えがなかったような気がします。自分の志は後進が必ず遂げてくれると確信して、だから「いつ死んでも悔いはない」と思っていたのではないでしょうか。
そんな松陰の死生観が門弟たちに宛てた遺書『留魂録《りゅうこんろく》』（講談社学術文庫、古川薫全訳注）にある次のくだりによく表れています。

**吾れ行年三十、一事成ることなくして死して禾稼《かか》の未だ秀でず実《みの》らざるに似たれば惜しむべきに似たり。然れども義卿の身を以て云へば、是れ亦秀実の時なり、何ぞ必ずしも哀しまん。何となれば人寿は定りなし、禾稼の必ず四時を経る如きに非ず。十歳にして死する者は十歳中自ら四時あり。二十は自ら二十の四時あり。三十は自ら三十の四時あり。五十、百は自ら五十、百の四時あり。**

（口語訳）自分は三十歳で生を終わろうとしている。未だ何も事を成し遂げずに死んでいく。それはあたかも、これまで働いて育てた穀物が実らなかったことのようでもある。しかし私自身について考えれば、花咲き実を結んだのである。
何も哀しむことなどない。寿命は人それぞれ。穀物のように、春に種をまき、夏に苗を植え、秋に刈り取り、冬に貯蔵する、といった流れはなくとも、人間には人間にふさわしい四季がある。十歳で死のうと、二十歳、三十歳、五十歳、百歳、何歳で死のうとも、人生には自ずと四季がある。いずれも花咲き実を結んだ人生なのである。

どうでしょう、ニーチェと同じく松陰もまた、自分の生涯に感謝して死を受け入れていると感じませんか？

ニーチェと松陰、二人が死して遺したすばらしい著作を、私たちがいま読めることに感謝の念を禁じ得ません。

## ニーチェの語調は伝染する？

ニーチェの文章でおもしろいのは、誰が訳しても語調が似るところです。私は『ツァラトゥストラ』を五つ以上の訳で読んでいますが、どれも日本語として似ちゃうんですね。

なぜだろうと考えてみると、おそらく「遠慮した文体はそぐわない。堂々と言い切る語調でないと、ニーチェの人間性が出ない」からではないでしょうか。

ニーチェの魂が訳者に憑依《ひょうい》している感があり、「文体がそのままニーチェである」と言っていいと思います。

この憑依は誰にでも起こります。実際、学生たちに「『ツァラトゥストラ』を読んで印象に残ったことを、自分の経験に引きつけてエッセイ風に、ニーチェの文体で書いてきてください」と課題を出すと、みんな、見事にニーチェになり切ります。

学生たちは自分の経験を書いているにもかかわらず、見ているほうはニーチェを読んでいるような気分になるほどです。

私が言いたいのは、『ツァラトゥストラ』でも何でも、ニーチェの作品を力強い口調で音読していただきたい、ということです。ニーチェの強さが乗り移り、内側から生きるエネルギーが湧き出てくるでしょう。

加えて自身にニーチェ的要素が注入されると、たとえ苦しいことばかりの人生であったとしても、自身が精一杯生きている生涯に感謝する気持ちが生まれるかと思います。

# 才能の芽

**わたしはわたしの愛と希望にかけて君に切願する。君の魂のなかの英雄を投げ捨てるな。君の最高の希望を神聖視せよ。——**

『ツァラトゥストラ』九十一ページ

何とかっこいいフレーズでしょう！

もしいま、新しい商品やサービス、あるいは映画や書籍に「君の魂のなかの英雄を投げ捨てるな」「君の最高の希望を神聖視せよ」というキャッチコピーがついていたら、思わず心が動くのではないでしょうか。

言葉自体の持つ力強さに加えて、自分の夢をあきらめている多くの人の心に「君はそれでいいのか」と突き刺さってくる感じがあります。

この言葉は、高みを目指す青年に向けて投げかけたものです。この青年は自分が成長を望んでいるのか、単に野心があるだけなのかがわからなくなり、自分を信じられなくなっています。また「自分以上に強い者に打ち負かされるかもしれない」不安を抱えています。

こういう気持ちは共感できますよね？　何か夢があって高みを目指しながらも、ふと「自分がこんなに大それた夢を持っていいのか。周りはかなうわけがないと笑っているのではないか」と弱気になる。あるいは夢に向かう途上で、「自分にはやっぱりムリだ」と希望を失いそうになる。誰しも経験したことがあるでしょう。

ツァラトゥストラはそんな〝弱気〟に寄り添い、こんな感じに励ましてくれるのです。

「自分の夢を自分で貶《おとし》めてどうするんだ。君の魂のなかには、大事を成し遂げようとしている英雄がいる。忘れてはいないか？　弱気になっては、自分の最高の希望も台無しだ。神聖なものと心得、あきらめずに前へ進め」

厳しいけれど温かなニーチェの声が私たちを元気にしてくれます。

## 自らに希望を問い続ける

もちろんあきらめなければすべての夢が実現するというものではありません。大事なのは希望を持って、夢に向けて努力していくことです。その過程で方向を転換してもいいし、まったく新しい道を見出してもいい。そうやって夢や希望の方向性が変わることだって、努力するプロセスなしにはありえない。転向もまた一つの才能なのです。

私は小学生のとき、昭和の半ばの少年たちのご多分に漏れず、「プロ野球選手になりたい」と夢見ていました。その思いは作文にも残っています。それがニーチェの言う「最高の希望」だったわけです。

最初の挫折は四年生のとき。クラスに私より野球のうまい子がいて、「クラスメートに負けてる時点でプロはムリかも」と思いました。さらに中学に入って、「野球部がない」という現実に突き当たりました。もう野球選手はあきらめるしかありません。

長じて東大の法学部に進んだころは、裁判官を目指しましたが、これも挫折。「自分は謹厳実直を求められる裁判官には向いていない。でも自分の意見を世に発信していく方向に舵を切ればいいのではないか」と考え、教育学に転じました。

私のように夢が二転、三転することは、そう珍しくはないでしょう。夢の設定がいい加減だからではありません。現実と折り合いをつけるためにも、挫折するのはしょうがない。

ただ自分自身に「何をやりたいか」を問い続けることはあきらめてはいけません。そこをあきらめないからこそ、「自分のなかの英雄」を守り、「最高の希望」を神聖なものとして胸に抱き続けることができるのです。

## ネットを〝夢実現ツール〟として活用する

「作家になりたい」「ミュージシャンになりたい」「お笑い芸人になりたい」「映画監督になりたい」などと言うのは、何となく大それたことのように感じるかもしれません。とくに「その道でご飯が食べられるのは一握りの人」とされる分野は、いまも昔も、否定的に見られるものです。

しかし時代は大きく変わりました。なれる・なれないは別にして、とりあえず自身の才能を世に問うことは比較的手軽にできるようになったのです。ネットという自己表現ツールができたおかげで、夢への道はかなりショートカットできるかと思います。

たとえばＹＯＡＳＯＢＩという「小説を音楽にする」ユニットの「夜に駆ける」という楽曲が大ヒットしました。この発想自体が非常にユニークです。オペラやミュージカルの劇中歌とか、ドラマの主題歌などに似ているようですが、これまでなかったスタイルを創造したと言えるでしょう。

それはさておき、この楽曲の原作は、星野舞夜さんの書いた『タナトスの誘惑』という超短編小説。小説投稿サイト「monogatary.com」に投稿された作品です。
「タナトス」は死そのものを神格化した、ギリシア神話に登場する神の名。それをフロイトは「エロス——愛への欲望」に対して「タナトス——死への本能」と位置づけました。小説もそのタイトルから連想されるように、死への願望がテーマになっています。

ネットを〝夢実現ツール〟として積極的に活用すると、こういう形で作品が世に出ることもあるのです。いたずらに「魂のなかの英雄」を捨ててはいけません。

自分で自分の夢をバカにしないのはもちろんですが、周囲にも相応の配慮が必要です。誰かの夢に対して不用意に「ムリでしょ」とか「バカも休み休み言えよ」などと言う人がいますが、それは他人の「魂のなかの英雄」「最高の希望」を潰すに等しい行為なのです。

ここはぜひ、志賀直哉の小説『清兵衛《せいべえ》と瓢箪《ひょうたん》』を読んでみてください。大人の無理解に屈せず、自らの才能を磨く少年の姿が描かれています。

あらすじは次の通りです。

清兵衛は十二歳の小学生。瓢箪が好きで、集めては磨いて大事にしていました。しかし父や先生はそれを苦々しく思い、ついには取り上げてしまいます。

その一つを「捨てろ」と手渡された小使いが金に困って、近所の骨董屋に持ち込みました。最初は五円と値踏みされたものが最終的に五十円になり、さらに骨董屋は富豪に六百円で売りつけました。

清兵衛は実は大した「目利き」だったのです。

しかしそんな経緯を知る由《よし》もない清兵衛は、やがて絵を描くことに熱中するようになりました。その絵にも、父はしだいに小言を言うようになり……。

志賀直哉がこの物語を書いたのは、自身が小説を書くことに無理解だった父への不服が動機だったそうです。周囲の大人たちが寄ってたかって若い才能の芽を摘むようなことは、昔からよくあったのです。

夢に向かう希望というのは、何人《なんぴと》たりとも侵してはいけない「聖域」と心得ましょう。

# 真の自由

**「何からの自由？」**

**そんなことには、ツァラトゥストラはなんの関心もない。**

**君の目がわたしに明らかに告げねばならぬことは、**

**「何を目ざしての自由か」ということだ。**

『ツァラトゥストラ』百三十五ページ

よく考えてみると、私たちがふつうに「自由」を求めるときというのはたいてい、「自分の考えや行動を束縛する不自由から解放されたい」と願っているような気がします。

たとえば受験生の多くは、「一日の大半の時間を奪う受験勉強から解放されたい」と願っているでしょう。またビジネスマンには「ひたすら成績を求められる仕事から解放されたい」、ワーキング・マザーには「自分のことを後回しにせざるを得ない家事・育児から解放されたい」と願っている人が多いように見受けられます。

しかしツァラトゥストラは、「解放される」ことになんの関心もないといいます「何を目ざしての自由か」、つまり「自由になって何をしたいのか」を明確に告げることを求めているのです。

たしかに、受験生のなかには、いざ大学生になると「やりたいことが何もない」という状態に陥る人が少なくありません。またビジネスマンは、晴れて定年退職すると、とたんにただの暇人になってしまう、といったことはよくあります。

もっと言えば、たとえば刑務所に収監された受刑者のなかには、せっかく釈放されて自由になっても、〝出戻る〟人が一定数いるようです。やりたいことがないばかりか、仕事が見つからないために暮らしもままならず、自由なんてどうでもよくなってしまうのでしょう。最悪の場合、「また刑務所に戻りたい」と罪を犯すこともあるとか。そんなふうでは何のための自由か、という話です。

## 自由から逃げていませんか？

人類は古来、自由を得るために戦ってきました。自由な言動を許されない社会の束縛から逃れたい、その気持ちが歴史を動かしてきたと言ってもいいでしょう。

けれども皮肉なもので、いざ自由を手にすると、何をすればいいかわからなくて戸惑ってしまうことがままあるのです。その一つの原因は、ツァラトゥストラの言うように、「何を目ざしての自由か」を考えなかったことにあります。それに何かに束縛され、制限をかけられているほうが楽な部分が、人間にはたしかにあるのです。

たとえばドイツの社会心理学者エーリッヒ・フロムは、著書『自由からの逃走』（東京創元社、日高六郎訳）のなかで、次のように述べています。

**自由は近代人に独立と合理性とをあたえたが、一方個人を孤独におとしいれ、そのため個人を不安な無力なものにした。この孤独はたえがたいものである。かれは自由の重荷からのがれて新しい依存と従属を求めるか、あるいは人間の独自性と個性とにもとづいた積極的な自由の完全な実現に進むかの二者択一に迫られる。**

自由というのは、自分の思い通りに、欲望のままにふるまえる点においては、とてもいいものです。ただ一方で、行動には常に責任がともないます。何があっても、誰かの、何かのせいにはできません。ここに「権威主義」とあるように、とくに弱い人間にとっては、権威に身を委ねたほうが楽なのです。
同じようなことがドストエフスキーの著書『カラマーゾフの兄弟』（新潮文庫、原卓也訳）の「大審問官」と題する章にも出てきます。カラマーゾフ家の次男イワンが、三男アリョーシャに「無神論」をテーマにした物語を滔々《とうとう》と語る、圧巻の場面です。
イワンは革命を企《くわだ》てる無神論者で、アリョーシャは第二のキリストたる可能性を秘めた青年。イワンは「イエスが生まれ変わって、この世に降りてきた」という設定の下、物語を語りだします。その話のなかで、イエスを相手に、年老いた大審問官が「お前が人間たちに自由を与えたためにどうなったのか」を一方的にまくしたてます。

**「最後には、彼らがわれわれの足もとに自由をさしだして、《いっそ奴隷にしてください、でも食べものは与えてください》と言うことだろう」**

これは「人はパンのみにて生きるにあらず」と言ったイエスに対するアンチテーゼ。「人は自由なんかよりパンを求めている」と言ってのけます。さらに大審問官は言います。

**「自由の身でありつづけることになった人間にとって、ひれ伏すべき対象を一刻も早く探しだすことくらい、絶え間ない厄介な苦労はないからな。**（中略）（イエスは）**人間の心の王国に自由の苦痛という重荷を永久に背負わせてしまったのだ」**

そう言われてみれば、「自由には苦痛な一面もあるな」と考えさせられます。世界中の人々が権威の前にひれ伏し、ときに独裁者に身を委ねてしまうのも、自由を投げ出して楽になりたいと思う気持ちがあるからかもしれません。

「人間は本当に自由を求めているのか」

というキリスト教の根幹を問うこの場面は、ニーチェの考え方にも通じるようです。

ともあれ、自由というのは「逃避」であってはいけません。自由を考えるときはニーチェの言葉を思い出し、自らにこう問いかけましょう。「何を目ざしての自由か」と。

本項の最後にもう一つ、『悦ばしき知識』にあるニーチェの言葉を紹介しておきましょう。

**体得された自由の印は何か？　――もはや自分自身に恥じないこと。**

『悦ばしき知識』二百八十五ページ

# 破壊と創造

**善と悪において**
**創造者とならざるをえない者は、**
**まことに、まず破壊者となって、**
**もろもろの価値をくだかざるをえないのだ。**

『ツァラトゥストラ』二百五十五〜二百五十六ページ

ニーチェは『善悪の彼岸』という著書のなかで、善悪について、次のようなことを主張しています。

「キリスト教を中心とするヨーロッパの伝統的道徳が提示する善悪の基準は、人々を家畜のように飼い慣らそうとする〝奴隷道徳〟である。こうした善悪の基準を超えた〝超人の道徳〟を確立しなければいけない」

右記の言葉もまさにこのことを示しています。キリスト教がつくり上げた既成の秩序や道徳を、まずぶち壊さなければ、真の創造者になりえないとしています。

ニーチェの目指す世界は、善悪を超えて生命が輝くところ。「永遠に創造し、破壊する生の肯定」というニーチェの哲学の核心を成すものでもあります。

## 破壊なきところに創造はない

ニーチェのこの言葉を読むと、「芸術は爆発だ！」と言った岡本太郎さんの顔が浮かびます。岡本さんは「積み重ねる」みたいな言葉を好まず、「積み減らせ」と言っています。「これまでにつくり上げたものをどんどん壊していけ。そうしてマイナスに向かっていった先で、創造力を爆発させろ」ということでしょう。極めてニーチェ的ですよね。「創造者となるには、まず破壊者でなければいけない」のです。

実際、いままでにはない価値を創造する創作の世界では、当たり前のように「破壊」が行われています。

たとえば歌舞伎。江戸前期に出雲阿国《いずものおくに》が創始した「かぶき踊り」がルーツとされていますが、やがてこのかぶき踊りは遊女屋に取り入れられます。男装した遊女と遊女の猥雑な掛け合いや三味線によるお囃子《はやし》などの新味が加わり、大変な人気を博したようです。これも一種の「破壊と創造」と言えるかもしれません。

ところがこの遊女歌舞伎は、風紀を乱したと、幕府に取り締まられます。さらに男尊女卑の風潮も相まって、女性の芸能者が舞台に立つことが禁止されてしまったのです。そんな背景があって、「男性が女性を演じてもいいんじゃないの?」という新しい価値が打ち出され、現在の歌舞伎が誕生したわけです。

また「破壊者」と言えば、ココ・シャネルがそう。彼女は「皆殺しの天使」と呼ばれるように、それまでのファッションを時代おくれのものとしました。自らに「破壊と創造」というミッションを課し、ファッション界に新風を巻き起こしました。

たとえば過度な装飾や、身を締めつけるコルセットなどを排除する。喪服のイメージのあった黒いドレスを、さまざまな場面で着回しできるドレスにつくり直す。動きやすいジャージ素材をシンプルなスーツに仕立てる。口紅を小さなバッグに入るスティック状にする。彼女はそういった「破壊と創造」によって、女性を自由にするファッションを次々と生み出していったのです。

そんなシャネルが一生をかけて、貪欲なまでに「破壊と創造」を求めたことを象徴する言葉を三つほど紹介しましょう(『シャネル 人生を語る』〈中公文庫、ポール・モラン著、山田登世子訳〉）。

**「死ぬなんてまっぴらよ！　生きなくっちゃ！（そんなこと言いながら、天国にも好奇心いっぱい。本当の天使に服を着せるために天国に行くわ。この世では別の天使のために服をつくって、地獄にいたから）。**

**いずれにしても、生きているうちは絶対休んだりする気はない。老人ホームほど疲れるところはないもの。血色も悪くなるし。天国ではさぞかし退屈するでしょうね」**

**「人生がわかるのは、逆境の時よ。世界とは闘争と混乱にほかならない。（中略）わたしはひどく往生際が悪い。いちど葬られても、あがいて、もういちど地上にもどり、やりなおすことしか考えていないわ」**

「往生際が悪い」とは、なかなか秀逸な表現です。「破壊と創造」を繰り返すうえで一つのキーワードにするとよいかと思います。

以上はほんの一例です。ほかにも回転寿司は伝統的な寿司屋さんから見れば破壊者だったでしょう。アストル・ピアソラは「タンゴの破壊者」の異名を取ったように、タンゴにクラシックやジャズの要素を組み合わせて独自の音楽形態を生み出しました。ヤマハが開発した音楽ソフト、ボカロことボーカロイドは、コンピュータに人が歌っているかのように歌わせることを可能にし、音楽シーンに革命を起こしました。

このように新しい価値が創造されるとき、その前段階では決まって破壊が行われています。自分が何かを創造しようと思ったら、まず「既成概念を壊してやろう」くらいの気持ちを持って挑む。そういう姿勢は極めてニーチェ的で、すばらしい挑戦になるのではないでしょうか。

# 第5章

# 今、この一瞬を生きる

# 過去を全肯定する

「この瞬間を見よ」とわたしはことばをつづけた。
「この瞬間という門から、一つの長い永劫の道がうしろに向かって走っている。
すなわち、われわれのうしろには一つの永劫があるのだ。
すべて歩むことのできるものは、
すでにこの道を歩んだことがあるのではないか。
すべて起こりうることは、
すでに一度起こったことがあるのではないか、
なされたことがあるのではないか」

『ツァラトゥストラ』三百五十ページ

文字面《づら》だけを追っていると、何だか不思議な気持ちになります。

「いまこの瞬間から後ろに向かって道が走っているって、どういうこと？　もちろん後ろには歩んできた道があるけど、道って前に向かって走ってるんじゃないの？」

「いまと同じことが過去にも起こっていたって、いわゆるデジャビュみたいなこと？　それとも輪廻転生《りんねてんしょう》的な？」

というような疑問が生じるでしょう。

ごもっともです。いっしょに考えてみましょう。

## すべては繰り返される。だから、すべてを肯定せよ

時は一瞬、一瞬が連なって過ぎていくものです。いまこの瞬間で時が止まれば、後ろを振り返ることができます。自分が過去にたどってきた道が見えるでしょう。その道をニーチェは「永劫《えいごう》」――同じことが無限に繰り返される長い年月だと言っています。

その道が後ろに向かって走っていることは、「自分はいま、どういう経路をたどってここにいるのか」を考えてみると、よくわかります。あなたはどこかで偶然出会った両親から生まれました。その両親もどこかで偶然出会った両親から生まれました。そのまた両親も、そのまた両親も同じです。ずーっとたどっていくと、その道はどんどん後ろに向かって延びて

いき、最後には人類の起源に行き着きますよね？

そんなふうに考えていくと、「気が遠くなるほど多くの祖先たちの一人でも欠けていたなら、自分自身は存在しなかった」ことに思い至るでしょう。つまり過去のすべてを肯定しなければ、いまこの一瞬に自分が生きていることの説明がつかないのです。

もしタイムマシンに乗って過去に行けるとしても、どこかの瞬間をちょっと変えてしまえば、もういまの自分ではなくなってしまいます。ニーチェの言う「われわれのうしろには一つの永劫がある」とはそういうことです。

また「いまと同じことが過去にもあった」というのは、自分は明確に記憶していないけれど、すべての祖先の営みが何世代にもわたって引き継がれてきた、とも考えられます。いま風に言うなら、「DNAにすべての過去が刻まれ、引き継がれてきた」、だから「過去にも同じようなことがあったなあ」と感じることがある、という見方もできます。

難しい言い回しはさておき、ニーチェのメッセージをシンプルにまとめると、こんな感じ。

「いいことも悪いことも、喜びも苦しみも悲しみも、人生で起きるすべては繰り返される。だからこそ、そのすべてを肯定し、強くたくましく人生を生きていきなさい」

何かイヤなことがあるなどして、「生きる意味がない」とか「自分の人生にはもううんざりだ」と心が萎えそうなときは、ニーチェのこのメッセージを思い出してください。生きる気力が湧いてくるでしょう。

## 無意味に繰り返される永遠だからこそ、積極的に引き受ける

いままで生きてきたなかで、「この一瞬のために、自分は生きてきたんじゃないかな」と思ったことがありませんか?

たとえば心ときめく異性と出会い、思い切って告白したら、相手も同じ気持ちだった。そんなときは「ああ、この人と出会うために、自分は生まれてきたんだ」という思いに小躍りするのではないでしょうか。

あるいは志望校に合格した瞬間、仕事で実績をあげた瞬間、感動的な本や映画、舞台、美術作品に出会った瞬間、旅をしてあこがれの地に立った瞬間、上司に褒められた瞬間、おいしいものを食べた瞬間……、「あー、生きててよかった」と心から喜べる瞬間がいままでもあっただろうし、これからもあるはずです。

そういった「いまこの一瞬」を肯定すれば、自分の人生を形成する一瞬一瞬を「全肯定す

る」ことにつながる。ニーチェはそう教えているように思います。

そういう観点に立てば、自分自身に対する自己肯定感と、自身の人生に対する肯定感を得ることはちっとも難しくありません。なぜなら至福の感動に包まれている「いまこの一瞬」のために、それまで苦しいことも多かった人生を生きてきたと思えるからです。

「いまこの一瞬」を肯定することは、それまでの、あるいはこれからの一切合切の人生を肯定することと同じなのです。

ニーチェはまたこんな内容のことを言っています。

「ニヒリズムの世界では、人は目標に向けて生きる力を失う。ただぐるぐる回る（円環運動）時間のなかで、毎日をだらだらと生きるだけ」

これだけ聞くと身も蓋もない感じがしますが、ニーチェはそういう生き方を肯定しています。

「目的も意味もなく永遠にくり返されることを、積極的に引き受けるところに生きる意味がある」と。

これを「永劫（永遠）回帰」と呼び、そのなかで自由に目標を決めて新しい価値を生み出す人間を「超人」と呼んだのです。

どんなに苦しく辛いことがあっても、ドンと受け止めて、

「これが生きるということか。ならばもう一度」

と前向きに生きていく。そういう姿勢が大事だということです。

# 存在の車輪

**一切は行き、一切は帰る。**
**存在の車輪は永遠にまわっている。**
**一切は死んでゆく、一切はふたたび花咲く。**
**存在の年は永遠にめぐっている。**

『ツァラトゥストラ』四百九十ページ

桜の木は毎年、春になると花を咲かせます。けれども満開になったそばから散っていき、一週間もすると葉桜になり、やがて裸木になります。そしてまた翌年も、そのまた翌年も、十年、二十年、百年後も同じことを繰り返します。

花は散っても、桜の木の存在自体は命の営みを回し続けているのです。

生きとし生けるものはすべて、桜と同じ。人間だって、一人ひとりは死ぬけれど、人類の存在はその起源――進化の過程でチンパンジーなどの類人猿から枝分かれしたときから数えても六～七百万年、「存在の車輪」が回っています。

地球が、あるいは宇宙が粉々になったら「存在の車輪」がどうなるかはわかりませんが、そうだとしても「存在の車輪」が回り続けている時間は非常に長い。私たち人間はみんな悠久の時のなかで生きている、と言ってもいいでしょう。

## 時の流れに身を委ねよ

こう見ると、ニーチェはインドの思想の影響を受けていたことがよくわかります。「存在の車輪」が永遠に回っている、その時の流れはインドのガンジス川のように思えます。人間はゆったりと流れるガンジスの流れに浸かりながら生き、死んでも川に流されていくだけ。時間を超えて生と死が繰り返されるイメージです。

こういう感覚は、私たち日本人にとって馴染みの深いものです。一つには、「魂が山に返っていく」という信仰があります。柳田國男が「山への信仰が、日本人の神の信仰の基本にある」と言っています。

川にしろ、山にしろ、自分を包む大きなものはすべて、「存在の車輪」と言っていいように思います。

また仏教の「諸行無常」の思想とも重なります。『平家物語』の冒頭に「祇園精舎の鐘の声　諸行無常の響きあり」とある、あの諸行無常です。その意味するところは、「世の中のすべてのものは、移り変わる。生まれては消滅し、消滅してはまた生まれる運命を繰り返す。永遠に変わらないものは何もない」——。

まさに「存在の車輪は永遠に回っている」ですよね。

仏教関係でもう一つ、かの一休禅師が修行僧のころに詠み、名の由来になった道歌をあげておきましょう。

**有漏路《うろじ》より　無漏路《むろじ》へかえる　一休み　雨降らば降れ　風吹かば吹け**

「有漏路」とは、迷いや煩悩に満ちた現世を意味します。一方、「無漏路」とは、雑念のない悟りの世界のことです。一休さんは、

「あの世から来て、この世に少しいて、あの世へかえる。人が現世で過ごす時間など、ほんの一休みに過ぎない。雨が降ろうが、風が吹こうが関係ない。悟りの境地にあれば、煩悩に悩まされることもない」

と言っているのです。

一休さんはすでに悟っていたのでしょう。正月に骸骨を見せて回ったと言われますが、死を忘れるなということです。

自分は連綿と命の営みが繰り返される悠久の時の流れのなかにいる、そう〝悟る〟と、世界がぐんと広がりますよね。

## 自分を含むすべての存在を愛する

「存在の車輪」を意識すると、細かいことはどうでも良くなるというか、少しくらいイヤなこと、苦しいことがあっても、時の流れに身を委ねていけば大丈夫と、ゆったり構えることができそうです。

それに「自分を愛する」ことに大きな広がりが出てきます。悠久の時の流れにたゆたう一切の存在とそれぞれの命の営みが愛おしく、そこに自分自身も包含されている感覚になれるのです。

言うなればそれは、「聖書」にある「一粒の麦」のように、自分を含む「存在の車輪」を愛するということです。ヨハネによる福音書にこうあります。

**はっきり言っておく。一粒の麦は、地に落ちて死ななければ、一粒のままである。だが、死ねば、多くの実を結ぶ。自分の命を愛する者は、それを失うが、この世で自分の命を憎む人は、それを保って永遠の命に至る。わたしに仕えようとする者は、わたしに従え。そうすれば、わたしのいるところに、わたしに仕える者もいることになる。わたしに仕える者がいれば、父はその人を大切にしてくださる。**

これは、エルサレムの都に入ったイエスが、自分を敵視するパリサイ派の人々に殺されるであろうことがわかっていて、弟子たちに語った言葉です。

イエスの言う「一粒の麦」はイエス自身のこと。

自らの死をもって人々を救済し、自分に仕える者は自分が死んだ後も常に自分とともにあり、神に大切に守られると言っています。

命に限りはあるけれど、その命を使い世のため、人のために尽くすことが、後の世と人々に豊かな実りをもたらす、というふうに捉えられます。先ほど述べた吉田松陰を彷彿とするのではないでしょうか。

　このように自分の命を広い視野のなかで捉えると、自分がこの世に生まれてきたことを祝福する気持ちになれるはず。自分を愛する気持ちは、こういう広い視野のなかで生じるものでもあると言えるでしょう。

# 最高の死

**死ぬ時にも、そこにはなお**
**君たちの精神と君たちの徳とが**
**燃えかがやいていなければならぬ、**
**大地をつつむ夕映えのように。そうでなければ、**
**君たちの死は失敗ということになろう。**

『ツァラトゥストラ』百五十九ページ

人は多くの場合、老いて死を迎えます。逆に言うと、死に向かって体力も精神力も容色も何もかも衰えていく、というイメージです。

しかしツァラトゥストラがここで描く死は、実にかっこいい。「精神と徳が大地をつつむ夕映えのように燃え輝いている」というのですから、これ以上すばらしい死はないと言っても過言ではありません。

夕日が強烈な光を発する、すばらしい夕景の写真を撮り、ニーチェのこの言葉を添えて額縁に入れて拝みたくなるくらいです。

イメージ的には、スポーツ選手の引退に重なります。スポーツ好きの私はつい、

「WBCで活躍した大谷選手とか、ボクシングの井上尚弥選手が引退するときは、きっと大地を包む夕映えのような輝きを見せてくれるんだろうなあ。メッシもそう。世界中の人たちがメッシに悲願のワールドカップトロフィーを持たせたいと願っていたよね。そのメッシが引退するときもやっぱり、大地を包む夕映えのように輝くんだろうなあ」

などとうっとりしてしまいます。

もっともニーチェは必ずしも有名人・一流人の死について語っているのではありません。「死ぬときに精神と徳とが燃え輝いていなければ、君たちの死は失敗になる」と言っているので、私たち一人ひとりもそうあるべきだということです。「老いさらばえて死んでいくわけにはいかない」と、勇気づけられますね。

それにしてもどうすれば、こんなふうにかっこいい死を実現できるのでしょうか。

## 最期まで生き切る覚悟

宗教や哲学は古来、「死」についてさまざまな考え方を示してきました。たとえばキリスト教では、「死とは魂が肉体から離れること」を意味し、死後、信者の魂は天国へ、不信者の魂は陰府《よみ》に向かうとしています。陰府は地獄ではなく、何も持たない〝裸の自分〟に戻って過ごすところです。

さらに魂は誰彼の差別なく等しく、この世の終わりに神によって裁かれます。いわゆる「最後の審判」です。これにより善人は天国で永遠の祝福を受け、悪人は地獄で永久的に刑罰を受ける。そんなふうに考えられています。

また仏教は、「人間の魂は生まれ変わりながら、『六道』という六つの世界をぐるぐる生きていく（輪廻転生）」と教えています。どの世界に生まれ変わるかは生前の行いしだい。最上が「天界」で、一番下が「地獄界」。でも徳を積んで輪廻を超越したら、浄土という極楽世界に行くことができると説いています（宗派により考え方は多少異なります）。

いずれも「死んだら、天国とか極楽浄土などのすばらしい場所に行ける可能性がある」わけで、そんなに悪い考え方でもありません。

しかし当然ながらニーチェは、宗教がさまざまな形で提示する、いわゆる「彼岸」があるという考え方は取っていません。「死ぬときに精神と徳が燃え輝く、そんな生き方をせよ」と言うのみです。嚙み砕いて言うならニーチェは、「死ぬのが怖いの、苦しんで死ぬのはイヤだのとあれこれ悩んだり、死んだら極楽に行きたいなどと願う暇があったら、充実して生きる努力を続けなさい。生きている限り、自らの目指すところに向かって、精一杯生きなさい。

そして自分の力ですばらしい『死の瞬間の世界』を創り出しなさい」

とアドバイスしているような気がします。

一言で言うなら「生き切れ」ということです。

またツァラトゥストラは自らの望む死に方を、本項冒頭の言葉に続くくだりでこんなふうに言っています。

**君たちがわたしの死に接して、そのためにいよいよ大地への愛を深めてゆくように、そういうふうにわたし自身は死にたいと思う。そしてわたしはふたたび大地の一部となって、わたしを生んだこの母のなかで安静を得たいと思う。**

**まことに、ツァラトゥストラは一つの目的をもっていた。かれはかれのまりを投げた。さあ、君たち友人よ、わたしの目的の相続者となれ。君たちを目がけて、わたしは黄金のまりを投げつける。**

『ツァラトゥストラ』百五十九ページ

吉田松陰や一粒の麦と同様、ツァラトゥストラもまた「自分が死んだ後も、後世の人たちが志を受け継いでくれる」ことを願っているのです。

それができなければ自分の死は失敗ということになる……そこまでは言っていませんが、そのくらいの心意気が感じられますね。

# 力への意志

**およそ生があるところにだけ、意志もある。**
**しかし、それは生への意志ではなくて**
**――わたしは君に教える――**
**力への意志である。**

『ツァラトゥストラ』二百五十五ページ

「力への意志」という言葉は、ニーチェの思想を読み解くうえで、非常に重要なキーワードの一つです。

最初に「およそ生があるところにだけ、意志もある」と言っています。逆に言えば「生のないところには意志がない」ということです。

たとえば岩とか石、砂などに意志があるとは考えにくいですよね。「成長したい」とか「生きたい」といった意志が感じられないからです。

でも生き物には、道端に生えている雑草にだって、たしかに意志があると感じます。太陽の光を求めて背丈を伸ばす、地中にしっかり根を張って水分や栄養分を補給しながら命を長らえる、堅いアスファルトをも突き破るように隙間から茎を伸ばす、花粉を風に飛ばしたり、昆虫に運ばせたりしながら子孫を増やす……そういった営みのすべてに、「生きる意志」が表れています。

また進化の視点で生き物を見てみましょう。たとえばキリンは、森から草原に出た後、屈まずに水を飲めるように、またほかの動物には届かない高いところにある木の葉を優先的に食べられるように、長い長い時間をかけて首が長くなったと言われています。首の短いキリンは生存に不利なために絶滅し、環境に適応して突然変異を重ねながら長い首を獲得したキリンは生き残ったわけです。首の長いキリンには、「生き延びてやる！」という強い意志があった、という見方もできますよね。

いま生きている動植物たちはみんな、キリンと同じく、変化を続ける地球環境に適応して突然変異による進化を重ねて生き延びてきた者たちです。

そういう意味では生き物みんなに「生きる意志」があると言えます。ただニーチェに言わせればそれは、「生への意志」というだけではなく、「力への意志」だといいます。どういうことでしょうか。

## 「力への意志」を実感してみる方法

本項冒頭の言葉の前段にこんな文章があります。

**まだ存在しないものは、意欲するはずがない。**
**またすでに存在しているものが、**
**さらに存在や生存を意欲することはありえぬ。**

『ツァラトゥストラ』二百五十五ページ

まだ存在しないものには当然、生きようという意志がない。一方、すでに存在しているものには、生きようという意志を持つまでもなく存在している。だから生き延びるためには、生への意志は不要で、生き延びるのに必要な強い力を欲する「力への意志」を持つことが大事である。ニーチェはそう言いたいのでしょう。

であるならば、無気力に生きているかに見える人も、実は「力への意志」を持っているということになりそうです。

そこで「力への意志」をちょっと意識してみると、不思議といろんな「力への意志」が発見できます。たとえ「自分には意志力がない」と思い込んでいる人でも、です。

何も大げさに考えなくてもいいのです。たとえばの話、「きれいになりたい」「かっこよくなりたい」という容貌に関する願望のある人は、そうなることによって「異性にモテる力」を獲得して、それを武器に異性運に恵まれた人生を生きていけるかもしれません。

「一流企業に勤めたい」「出世したい」など、立身出世を望む人は、それにより「組織や社会における発言力」を獲得し、リーダーとして生きることが可能になります。

「おいしいものをたくさん食べたい」と食に貪欲な人は、「丈夫な肉体」を得て、元気に長く生きていけそうです。

このようなちょっとした欲でも、大それた欲でも、何かを欲することが「力への意志」につながると思うのです。

どうですか、あなたにも少なからず「力への意志」があると実感したのではないかと思います。

## 欲は持ったほうがいい

現実問題として、「欲を持つな」と言われると、だんだん元気がなくなってしまいます。とくに宗教などで「禁欲を推奨」するような教えに触れると、最悪の場合、生きている間にリアルに「無一物」になってしまいかねません。

たとえばブッダの教え。私はブッダも好きですが、あんまり「捨てろ、捨てろ」と言われると、なかには根本的に生きる気力を失う人もいるのではないかと心配になります。とくにカツカツの暮らしをしている人にとっては。

ブッダはいいんです。こういう言い方をしては何ですが、王子に生まれ、若くして結婚して家族もいて、あらゆる贅沢《ぜいたく》が手に入る、そういう状態からスタートしているので、捨てても平気なものがたくさんあります。しかも自分の意志で捨てるわけですから、何の迷いも感じなかったはずです。

その辺りが一般の人とは違うのです。私たちとしては欲深にならないように注意しながら、生きる意欲につながる欲はある程度持つくらいがちょうどいいでしょう。

またキリスト教のプロテスタントの場合、「すべてを神に捧げる」精神の下に、勤勉に働くことと同時に禁欲を求めます。

極端に言えば、たくさん儲けたお金を贅沢のために消費することが許されないのです。これはこれでストレスがたまりそうです。「何のために働いているのか」とげんなりし、どうしても生きる意欲が低下しますよね。

そんなふうに考えると、さまざまな欲、言い換えれば「力への意志」を自分のなかに感じることで元気が出てくるのだと思います。

ニーチェは人が本来持つポテンシャルや可能性を抑圧する行為に対して、非常に強く反発します。

だから「もっと強くなりたい」「もっと能力を伸ばしたい」「もっと美しくなりたい」と意欲的な人に対して、「神の前で欲を露わにするとは、何と不謹慎な」と言って行動に制限をかけようとする人たちを嫌います。

あるいは「出る杭は打つ」ではありませんが、伸びる才能を嫉妬し、その人の足を引っ張ったり、突出した才能が日の目を見ないようにみんなで牽制《けんせい》し合ったりなど、「互いを低め合う関係」に甘んじている人たちが、ニーチェは大嫌いなんです。

もしニーチェがいまの時代に生きていたら、前代未聞のレベルで二刀流に挑む大谷選手を

「力への意志に満ちている」と絶賛することでしょう。

と同時に、大谷選手に対して「投手か打者か、一つにしぼれよ」とか「二兎を追う者は一兎をも得ず、だよ。欲深なのもほどほどにしろよ」といったことを言う人がいたら、「力への意志に対する冒瀆《ぼうとく》だ」とこてんぱんにやっつけてくれるでしょう。

# 攻撃的勇気

**勇気は最善の殺害者である、攻撃する勇気は。**
**それは死をも打ち殺す。**
**つまり勇気はこう言うのだ。**
**「これが生だったのか。よし。もう一度」と。**

『ツァラトゥストラ』三百四十七ページ

あなたは今生と同じ人生をもう一度生きたいですか?

もし「いやいや、次があるなら、違う人生を生きたい」と思うとしたら、まだ「過去のすべてを肯定し、永遠に続いて欲しいと願うようなすばらしい悦楽の瞬間」が訪れていないのかもしれません。

これまでさんざん苦しみ、ずいぶん辛い思いもし、さまざまな苦汁をなめさせられた。楽しい時間より苦しい時間のほうがずっと長かった。そんな日々の積み重ねがあって、いまがある。そうは思えないのでしょう。むしろ、「過去をなかったことにしたい」みたいな気持ちのほうが強いのだと思います。

そんなふうに過去をいいこと・悪いことも含めて丸ごと受け入れられないとしたら、「まだ死にたくない」証拠。人生に未練をたっぷり残している。自分らしい強い気持ちをもって生き切っていない証拠です。

「死んで上等。人生とは何か、いかにすばらしいものかがよくわかった。もう一度、同じ人生を生きてやろうではないか」

という思いがあって初めて、「潔く死ぬ」覚悟が決まります。そして、

「よし、もう一度、同じ人生に挑んでやろう」

という攻撃的勇気が生まれるのです。

## 「不条理の英雄」となったシーシュポス

「よし、もう一度」の精神を描いた作品に、カミュの『シーシュポスの神話』（新潮文庫、清水徹訳）があります。

シーシュポスはギリシア神話に登場する人物で、死の神タナトスを騙《だま》し、神々の反感を買

って、地獄に幽閉されます。そこで受けた刑罰は、「休みなく岩をころがして山の頂上まで運び上げる」というものですが、ここで終わりません。山頂まで達すると、決まって岩はそれ自体の重さで転がり落ちてしまうのです。

「無益で希望のない労働ほど恐ろしい懲罰はないと神々が考えたのは、たしかにいくらかはもっともなことであった」とあるように、こんな〝終わりなき刑罰〟は、まさに地獄の責め苦としか言いようがないですよね。

けれどもシーシュポスは、この理不尽な運命にただただ打ちひしがれているだけの弱い人間ではありません。自分が選び取った運命なんだと、不条理を全面的に受け入れ、「よし、もう一回」「よし、もう一回」と岩を運び続けたのです。この作品は最後、次のような言葉で締めくくられています。

**ぼくはシーシュポスを山の麓《ふもと》にのこそう！　ひとはいつも、繰返し繰返し、自分の重荷を見いだす。しかしシーシュポスは、神々を否定し、岩を持ち上げるより高次の忠実さをひとに教える。かれもまた、すべてよし、と判断しているのだ。（中略）頂上を目がける闘争ただそれだけで、人間の心をみたすのに充分たりるのだ。いまや、シーシュ**

## ポスは幸福なのだと想わねばならぬ。

シーシュポスにツァラトゥストラの言う「悦楽の一瞬」があったとは考えにくいものの、彼は不条理を受け入れることで不条理に勝利したという幸福感を得た。言い換えれば「不条理の英雄」になったのです。

「運命を迎え撃つ」という姿勢から、シーシュポスの内なる「攻撃的勇気」を感じます。

ちなみにこの作品はギリシア悲劇『オイディプス王』のオイディプス王について触れたくだりがあります。「私は、すべてよし、と判断する」というオイディプスの言葉を、「不条理な精神にとって、まさに畏敬すべき言葉だ」としているのです。

『オイディプス王』は紀元前四三〇年ごろ古代ギリシアで上演された戯曲です。ついでながら、あらすじを紹介しておきます。

物語の舞台は、テバイという国。ここにオイディプスがやって来ます。彼は本当はこの国の王子なのですが、そうとは知らずに育ちました。父王ライオスが神託で「やがて生まれてくる男児の手にかかって殺される」と告げられたため、オイディプスは生まれてすぐに山奥に捨てられたのです。

〝運命の子〟と言うべきか、すんでのところで殺されずにすんだオイディプスは十数年後、父とは知らずにライオスを殺害してしまいます。その後、あろうことか、やがて祖国テバイの国王の座についたオイディプスは、実の母とは知らずに先王の王妃を娶ります。父を殺したことも、母と姦通したことも、そうとは知らずにやったこと。

けれどもやがてオイディプス王は真実を知り、絶望します。そして自らの手で両眼を突いて盲目になってしまいました。運命から逃れようにも逃れられずに深みにはまっていったオイディプス王ですが、最後はすべての運命を受け入れ、「すべて、よし」と宣言したのでした。

これほどの悲劇的運命は、なかなかあるものではありません。それでもオイディプス王は「すべて、よし」と受け入れたのです。それに比べれば、自分の不運・不幸などちっぽけなものだ――そう思えてきませんか？

## 運命を迎え撃て！

運命を肯定することと、運命に甘んじることとは、似ているようでまったく違います。後者にはどこか、「運命を受け入れたくはないけれど、抵抗できないんだから、しょうがない」というニュアンスがあります。

一方、「運命を肯定する」というと、主語は自分自身。自分の意志で運命を受け入れるのですから、単に受け入れるというより、「迎え撃つ」イメージ。ツァラトゥストラの「攻撃する勇気」に通じるものがあります。

もとより自分の運命の良し悪しを決めるのは、自分自身です。逆に言えば、自分の受け止め方によって、運命の良し悪しは決まる、ということです。

周囲がいくら「不幸だねぇ、かわいそうだねぇ、不運なことだねぇ」と言っても、自分自身に「自分こそがその運命に選ばれし者なんだ」と前向きに捉え、迎え撃つ気持ちがあるなら、それはすばらしい運命なのです。

たとえば障害のあるお子さんをお持ちの親御さんは、その運命を呪っているでしょうか。私はそう思いません。みなさん、障害を持って生まれてきた子どもを心底慈しんでおられます。「生まなければよかった」なんて、露ほども思っていません。「生まれてきてくれてありがとう」と感謝し、家族で力を合わせ、周囲の助けも借りながら、「この子を何としてでも幸せにする。そのためには何だってやる」と子育てに全力を注いでいます。そういう強さは「運命を迎え撃つ」ことで養われる。私はそう考えています。

## 一瞬が永遠に思える感性を持つ

最後に、「一瞬が永遠に思える」とはどんなものか、考えてみましょう。

ふつうに生きていると、それがどんな瞬間なのか、ちょっとわかりにくいですよね。でも詩人には、そういう感性が備わっているようです。ランボーの『地獄の季節』（岩波文庫、小林秀雄訳）という詩に、こんなフレーズがあります。

**また見つかった、**
**何が、永遠が、**
**海と溶け合う太陽が。**

訳したのは小林秀雄。前の「最高の死」のところで紹介したツァラトゥストラの言葉と、共鳴するような鮮烈なフレーズです。

「永遠に思える一瞬」というのは、ビジュアルにすると、こういう感じになるのかもしれません。心躍るすばらしいことに遭遇したら、瞼《まぶた》の裏に心象風景を描き出してみてください。そこに太陽の強烈な輝きがあれば、それは間違いなく「永遠に思える一瞬」でしょう。

また「永遠に思える」という語感から、そういう一瞬は生涯一度だけのように思うかも知れませんが、もっとカジュアルに捉えてけっこう。「一瞬が永遠に思える感性」を持つことが大事なのです。

最後にもう一つ、ツァラトゥストラの言葉を紹介しましょう。

**おまえたち、永遠な者たちよ、**
**世界を愛せよ、永遠に、また不断に。**
**痛みにむかっても「去れ、しかし帰って来い」と言え。**
**すべての悦楽は——永遠を欲するからだ。**

『ツァラトゥストラ』七百三十ページ

# エピローグ――ニーチェの言葉は「北極星」である

プロローグでお話ししたように、ニーチェの言葉はある種の「劇薬」です。

でも、そんな劇薬が現代を生きる人々に必要なのではないか――SNSで自己承認欲求を満たすゲームを繰り広げ、自分に自信を持てずにいる人々を見てそう思い、本書をしたためた次第です。

一方で私は、ニーチェの言葉というのは「北極星」のようなものだとも感じています。いつもそばにいてくれて、自分がどこに進むべきか悩んだとき、引っ張ってくれる存在。その方向で行けばいいんだよ、と教えてくれる存在です。

そういう存在がいるから、どんな状況にあっても自分を愛することができる、肯定することができる。自分を愛することができるから、他者を愛し、さまざまなものを愛し、世界まるごとだって愛することができる。

自分を愛することからすべては始まり、広がっていくのです。そうすれば、不安でしかたがないだとか自信を失うだとか、そうした感情を抱く暇はないはずです。

本書の企画時には数を絞ってニーチェの言葉を紹介する予定でしたが、進めていくうちに、どの言葉を解説するか悩むくらいに言葉があふれてきました。

このように「触れているうちに、勝手にエネルギーが湧いてくる」というのが、ニーチェの言葉の本当にすごいところです。

エピローグだというのに、また言葉か。

**高貴な魂はどんなものをも無償で得ようとは思わない、ことに生を無償で得ようとは思わない。**

『ツァラトゥストラ』四百四十五ページ

**「生がわれわれに約束するところのもの——それをわれわれが生にたいして果たそう」**

『ツァラトゥストラ』四百四十六ページ

本書を通じて読者の皆さんが自分を心から愛し、肯定できるようになり、生きる活力を得られるきっかけとなれば幸いです。

二〇二三年六月

齋藤　孝

# 主要参考文献


ニーチェ著、木場深定訳『善悪の彼岸』（岩波文庫）
ニーチェ著、信太正三訳『悦ばしき知識』（ちくま学芸文庫「ニーチェ全集」8）
ニーチェ著、杉田弘子・薗田宗人訳『ニーチェ全集　第六巻（第Ⅱ期）』（白水社）
ニーチェ著、薗田宗人訳『ニーチェ全集　第七巻（第Ⅱ期）』（白水社）
ニーチェ著、手塚富雄訳『この人を見よ』（岩波文庫）
ニーチェ著、手塚富雄訳『ツァラトゥストラ』（中公文庫）
ニーチェ著、森一郎訳『愉しい学問』（講談社学術文庫）

エーリッヒ・フロム著、日高六郎訳『自由からの逃走』（東京創元社）
カミュ著、清水徹訳『シーシュポスの神話』（新潮文庫）
ゲーテ作、相良守峯訳『ファウスト』全二部（岩波文庫）
ちばてつや『あしたのジョー』全二十巻（講談社コミックス）
塚本虎二訳『新約聖書　福音書』（岩波文庫）
ドストエフスキー著、原卓也訳『カラマーゾフの兄弟』（新潮文庫）
武論尊原作、原哲夫漫画『北斗の拳』全二十七巻（ジャンプコミックス）

主要参考文献


ポール・モラン著、山田登世子訳『シャネル　人生を語る』（中公文庫）
ミシェル・フーコー著、田村俶訳『監獄の誕生』（新潮社）
宮本武蔵著、佐藤正英校注・訳『五輪書』（ちくま学芸文庫）
吉田松陰著、古川薫全訳注『吉田松陰　留魂録』（講談社学術文庫）
ランボー著、小林秀雄訳『地獄の季節』（岩波文庫）
ロマン・ロラン著、片山敏彦訳『ベートーヴェンの生涯』（岩波文庫）


※書籍については複数の文庫等に収録されている作品が多数あります。

編集協力――千葉潤子

PHP新書

PHP INTERFACE
https://www.php.co.jp/


齋藤 孝［さいとう・たかし］

1960年、静岡県生まれ。明治大学文学部教授。東京大学法学部卒業後、同大学院教育学研究科博士課程等を経て、現職。専門は教育学、身体論、コミュニケーション論。『身体感覚を取り戻す』(NHK出版)で新潮学芸賞。日本語ブームをつくった『声に出して読みたい日本語』(草思社)で毎日出版文化賞特別賞。
著書に『大人の語彙力ノート』『読書する人だけがたどり着ける場所』(以上、SBクリエイティブ)、『1分で大切なことを伝える技術』『孤独を生きる』(以上、PHP新書)など多数。



ニーチェ 自分を愛するための言葉 PHP新書 1361

二〇二三年七月二十八日 第一版第一刷

著者――齋藤 孝
発行者――永田貴之
発行所――株式会社PHP研究所
東京本部――〒135-8137 江東区豊洲5-6-52
ビジネス・教養出版部 ☎03-3520-9615(編集)
普及部 ☎03-3520-9630(販売)
京都本部――〒601-8411 京都市南区西九条北ノ内町11
組版――有限会社メディアネット
装幀者――芦澤泰偉+明石すみれ
印刷所――大日本印刷株式会社
製本所――東京美術紙工協業組合





ISBN978-4-569-85499-1

# ＰＨＰ新書刊行にあたって

「繁栄を通じて平和と幸福を」（PEACE and HAPPINESS through PROSPERITY）の願いのもと、ＰＨＰ研究所が創設されて今年で五十周年を迎えます。その歩みは、日本人が先の戦争を乗り越え、並々ならぬ努力を続けて、今日の繁栄を築き上げてきた軌跡に重なります。

しかし、平和で豊かな生活を手にした現在、多くの日本人は、自分が何のために生きているのか、どのように生きていきたいのかを、見失いつつあるように思われます。そして、その間にも、日本国内や世界のみならず地球規模での大きな変化が日々生起し、解決すべき問題となって私たちのもとに押し寄せてきます。

このような時代に人生の確かな価値を見出し、生きる喜びに満ちあふれた社会を実現するために、いま何が求められているのでしょうか。それは、先達が培ってきた知恵を紡ぎ直すこと、その上で自分たち一人一人がおかれた現実と進むべき未来について丹念に考えていくこと以外にはありません。

その営みは、単なる知識に終わらない深い思索へ、そしてよく生きるための哲学への旅でもあります。弊所が創設五十周年を迎えましたのを機に、ＰＨＰ新書を創刊し、この新たな旅を読者と共に歩んでいきたいと思っています。多くの読者の共感と支援を心よりお願いいたします。

一九九六年十月

ＰＨＰ研究所